方言安徽

本丛书入选安徽省文化强省建设专项资金项目

许茹 编著

品读·文化安徽

合肥工业大学出版社

图书在版编目(CIP)数据

方言安徽/许茹编著.—合肥:合肥工业大学出版社,2015.12(2016.9 重印)
(品读·文化安徽丛书)
ISBN 978 - 7 - 5650 - 2603 - 4

Ⅰ.①方… Ⅱ.①许… Ⅲ.①江淮方言—介绍—安徽省 Ⅳ.①H172.4

中国版本图书馆 CIP 数据核字(2015)第 307276 号

方言安徽

许 茹 编著

责任编辑	章 建 张 燕	
出版发行	合肥工业大学出版社	
地 址	(230009)合肥市屯溪路 193 号	
网 址	www. hfutpress. com. cn	
电 话	总 编 室:0551-62903038	
	市场营销部:0551-62903198	
开 本	710 毫米×1010 毫米 1/16	
印 张	12	
字 数	183 千字	
版 次	2015 年 12 月第 1 版	
印 次	2016 年 9 月第 2 次印刷	
印 刷	安徽联众印刷有限公司	
书 号	ISBN 978 - 7 - 5650 - 2603 - 4	
定 价	28. 00 元	

如果有影响阅读的印装质量问题,请与出版社市场营销部联系调换。

前　言

　　品读文化安徽，第一步就是"品"，从字形上看，品由三个口组成，但这个口不是指嘴巴，而是指器皿——三个器皿叠放在一起，用来形容事物或物品众多。

　　那么，关于安徽的众多器皿中，主要又盛放着什么呢？

　　一个盛着酒，一个盛着茶，一个盛着诗。

　　酒，是一种凛冽而火热的液体；茶，是一种清雅而悠长的液体。它们是对于大自然的高度抽象，同时也融入了人工创造的高度智慧。安徽既出名酒，又出名茶，这从一个侧面也体现了大自然对这块土地的垂青和爱怜，而生活在这块土地上的人们，把对于大自然的汲取和感恩，化作了丰美的生活浆液和丰盈的文化积淀。

　　从酒上面，能看到安徽的北方，看到一望无垠的平原，看到沉甸甸的金色收获，看到农夫晶莹的汗珠；更远一点的，还能看到大禹治水遗迹、安丰塘、江淮漕运等等伟大的水利工程，还能感受到花鼓灯的热烈、拉魂腔的高亢和花戏楼上载歌载舞的酣畅……

　　从茶上面，能看到安徽的南方，看到草木葱茏的丘陵，看到朦朦胧胧的如梦春雾，看到农妇藕白的巧手；更远一点的，还能看到粉墙黛瓦，看到那些像诗一样优美的民居建筑，感受到贵池傩舞的神秘、徽剧声腔的精致和黄梅戏的婉转……

　　这些土地、这些物产，又怎能不吸引诗人呢？

　　于是曹操、曹植来了，嵇康、谢朓来了，李白、杜牧、刘禹锡来了，欧阳修、王安石、苏东坡来了，梅尧臣、姜夔、徐霞客来了……如果有心，可以绘制一幅安徽诗歌地图，定格一座座在中国诗歌史上意义显赫的风景重镇：

教弩台、敬亭山、浮山、齐云山、褒禅山、秋浦河、采石矶、杏花村、陋室、颍州西湖、醉翁亭、赤阑桥……那些被歌咏过的一山一水、一草一木，都闪烁着别样的光芒。

诗是灵魂的高蹈和想象力的释放，张扬的是一种逍遥洒脱的个性。诗人们是近于道家的，嵇康和李白，干脆自认为老庄的传人。而老庄及其道家哲学，正是安徽这块土地上结出的思想文化硕果。

道家太出世，则需要入世的儒家来中和。从经世致用的角度说，儒家思想，往往是一股"天行健，君子以自强不息"的正能量。

管仲和孙叔敖，出自安徽的春秋两大名相，他们的政治实践，给了同时代的孔子极大的影响；战国时的甘罗和秦末汉初的范增、张良，以其超凡的智慧与谋略，成为后世文臣的标杆；三国时的周瑜、鲁肃和南宋时的虞允文，分别因为赤壁大战和采石矶大捷而一战成名，他们是敢于赴汤蹈火的书生，也是运筹帷幄的儒将；两宋时期，程朱理学从徽州的青山绿水间兴起，最后成为几个朝代的官方思想和意识形态；明清之际，儒医和儒商，几乎同时在徽州蔚为大观，从"不为良相，即为良医"的新安医学代表人物和诚信勤勉的徽商典范身上，我们能够感受到一股清朗上进的儒雅之风；到了风起云涌的近代，李鸿章及其淮军将领，走的仍然是"儒生带兵"的路子，至少在其初期，洋溢着奋发有为的气概。李鸿章对于近代化孜孜不倦的追求，刘铭传对于祖国宝岛的守护和经营，段祺瑞对于共和政体的倾力捍卫，都是中国近代史上浓墨重彩的一笔……

酒、茶、诗、儒，是关于安徽的四大意象，也是安徽人精神的四个侧面，除此之外，安徽人的精神还包括什么呢？

显然，还包括勤劳、善良、淳朴、坚忍、进取等中华民族的诸项精神特质，还有最重要的一项就是——创新。

创新，从远古人类那时就开始了。最早的器物文明——和县猿人的骨制工具，最早的城市雏形——凌家滩，最早的村落——尉迟寺，等等，无不显示了先民的伟大创造。

创新，从司法鼻祖皋陶那里就开始了。他创造性地建构了中国古代最早的司法体系，最先开始弘扬"依法治国"的理念，而两千年后的北宋包拯，则承袭了这种朴素的法治精神。

创新，从大禹、管仲、孙叔敖、曹操、朱熹、朱元璋等政治家那里就开始了。大禹"堵不如疏"的崭新思路，是中国古代政治智慧中的重要因子；管仲的"仓廪实而知礼节"的先进思想，显示了他对于物质文明和精神文明的双重重视；孙叔敖关注民生的呕心沥血，曹操"唯才是举"的不拘一格，朱熹对于古代赈济体系的精心构筑，朱元璋对于封建制度的精心设计，也都开创了中国古代政治文明的新局面。

创新，也是文化巨擘的应有之义。从道家宗师老庄、理学宗师程朱，到近代现代哲学大师胡适、朱光潜；从率先融合儒释道三家的"睡仙"陈抟，到打通文理、博览百科的"狂生"方以智；从开创中国第一所"官办学校"的汉代教育家文翁，到现代平民教育的倡导者陶行知；从"建安风骨""魏晋风度""桐城派"这三大文学家群体，到吴敬梓、张恨水这两位小说家典范；从探索中国画白描技法的"宋画第一人"李公麟，到与齐白石齐名的新安画派代表人物黄宾虹；从开创近代书法和篆刻新风的邓石如，到现代雕塑大家刘开渠；从力促徽剧上升为国剧的程长庚，到黄梅戏表演艺术家严凤英；从巾帼不让须眉的近代女才子吕碧城，到洋溢着中西合璧气派的女画家潘玉良……没有"吾将上下而求索"的探索精神，也就没有他们那震古烁今的文化创造。

创新，同样是科技巨匠的立身之本。淮南王刘安对于豆腐的"点石成金"，神医华佗对于外科手术和麻醉术的开创，兽医鼻祖元亨兄弟对于兽医这门全新学科的开拓，还有程大位、方以智的数理演算，梅文鼎、戴震仰望星空的眼睛，包世臣、方观承理论与实践相结合的农学著作，两弹元勋邓稼先的非凡壮举……正是沿着前所未有的轨迹，这一颗颗闪耀的"科星"才飞升在天宇。

创新，还是物质文明的重要助推器。从朴拙无华的凌家滩玉器，到堂皇无比的楚大鼎；从恢宏厚重的汉画像石，到精美绝伦的徽州三雕；从文人推重的笔墨纸砚，到民间珍爱的竹器铁艺；从唇齿留芳的皖北面食，到咀嚼英华的徽式大菜；从花戏楼、振风塔、百岁宫等不朽建筑，到西递、宏村、查济的诗意栖居；从至今仍然发挥着作用的"天下第一塘"安丰塘，到永载新中国水利史册的佛子岭水库；从铜陵的青铜冶炼，到繁昌窑的炉火；从熙来攘往的芜湖米市，到造出中国第一台蒸汽机、第一艘轮船的安庆内军械所……正是因为集合了无数人的灵感和汗水，才孕育了这一件件小而美好的小设计、小发明、小物件，才诞生了这一项项大而堂皇的大工程、大构造和大器具。

创新，更是红色文化的闪亮旗帜。陈独秀的《安徽俗话报》，激情燃烧的鄂豫皖革命根据地，艰苦卓绝的皖南新四军，被称为"世界战争史奇迹"的千里跃进大别山，"靠人民小车推出胜利"的淮海战役……这些都展示了革命者的勇敢无畏和锐意进取，凝结了革命者的高度智慧，也奏出了时代精神的最强音。

创新，也是我们这个改革开放的火热时代的主旋律。小岗村的"大包干"实践，"人造太阳"托卡马克的建造，现代化大湖名城的横空出世，白色家电业和民族汽车工业的崛起，中国科技大学同步辐射、火灾科学、微尺度物质科学这三大国家级实验室中所孵化出的最新成果，都成为安徽通往经济大省、科技大省和文化大省的一步步坚实的台阶……

正是因为有了创新精神，安徽这块土地才没有辜负大自然的恩宠，才开出了艳丽无比的物质文明和精神文明之花，堪与大自然的鬼斧神工相媲美。

"品读·文化安徽"系列丛书，共20册。每册从一个方面或一个领域入手，共同描绘出安徽从古到今不断演化、不断创新、不断发展的巨幅长卷。这20册书摆在眼前，仿佛排开了一个个精美的器皿，里面闪烁的是睿智与深情，是天地的精华与文明的荣光。

请细心地品，静心地读，然后用心地思索：我们今天该有什么样的创造，才能够匹配这天地的精华，才能延续这文明的荣光？

本丛书在策划、编辑、出版的过程中，得到了省内外许多专家学者的关心和支持，在此对他们表示衷心的感谢。同时，本丛书的部分著作中的若干图片和资料来源于网络，未及向创作者申请授权，祈盼宽谅；恳请有关作者见书后与出版社联系，以便奉寄稿酬及样书。

编委会

2015年10月

五 三山鼎立，五水分流
——淮南方言与地域 105

六 鹤翎不天生，变化在啄菢
——六安方言与文白异读 129

七 吴头楚尾方言岛
——铜陵方言与亲属称谓 157

目　　录

一

家住三五里，各处一乡风

——合肥方言与民俗

1

二

八山一水一分田

——徽州方言与地域

27

三

字正才能腔圆

——安庆方言与歌唱

54

四

人生在世谁非客

——芜湖方言与人口流动

80

一、家住三五里，各处一乡风
——合肥方言与民俗

（一）你可能不知道的事儿

方言，字面上看就是地方语言，按照现在的感觉，似乎还有一点狭隘。为啥？因为它很地域化啊，离了这个地儿大家就听不懂了。特别是在"学好普通话，走遍天下都不怕"的大旗最猎猎作响的时代，方言就像一个长得滑稽的小丑，出场后都引得他人一阵发笑："瞧这一口土话！"

方言＝土话。

这已经是大家默认的公式。那些说了一辈子合肥方言的人，为了让自己说好普通话，硬是憋着一口气改腔换调，结果变得土不土洋不洋，只好说自己："不照（不行），不照（不行）。"

而说方言的电视剧呢？比如每天晚饭时间的《我爱饭米粒》，演员们说着一口标准合肥话，笑死人的节奏。连从小学习普通话，忘记很多方言的孩子都看得津津有味，时不时地还跟着学几句，俨然成了一种流行趋势。

可惜，这样的流行趋势仅限于合肥地区，距离太远的地方，大家就都有些看不懂，听不明白了，非得有普通话的字幕才行，可那通用的语言哪能精妙地体现具有合肥地方特色的笑点呢？于是，方言剧也被束缚住了。

1

方言＝土话？

曾经也是高大上

但你以为合肥话就是合肥人民自创的土话吗？错！合肥方言可是拥有悠久历史的。它有个伟大的"爷爷"：江淮官话！为什么要说是"爷爷"呢？因为江淮官话还有两个"儿子"——洪巢片和通泰片，其中洪巢片又分为淮东、淮西和海泗三片。合肥话则属于江淮官话洪巢片分支，南京—滁州—巢湖—合肥—六安这一线为江淮官话的代表地域。所以说，合肥方言属于江淮官话，而江淮官话是以合肥话为代表的。

咱们回过头来看这"江淮官话"，了不得，在明朝时期，它一度成为全国通用的"普通话"。

这其中，客家先民起了决定性作用。客家人是一个具有显著汉族与山区少数民族特征的特殊民系，他们的祖先在历史上造就了江淮官话。

中原自古就受英雄们喜欢。今天你抢我土地，明天我夺你城池，今天你为王，明天我称帝，英雄之间的争夺好不激烈。可惜，成就了英雄，害苦了百姓。战争、灾荒、疾病……老百姓的日子过得着实不轻松。

终于，在秦朝至东晋南北朝时期，客家先民们受不了了，开始拖儿带女地从北往南跑，经过几次大规模迁移，最终把北方的中原官话带到了长江中下游。北方的语言和风俗习惯在此和南方的语言、风俗习惯产生碰撞，硬是在通行吴楚方言的区域里形成了一种新的方言——这就是初具雏形的"江淮官话"。

后来，随着汉族政权和中原士族迁至江淮地区，政治中心和文化中心也迁到了江南。大家发现江南真是个好地方，山好水好经济好，以至于隋朝统一全国，政权都迁到了北方，皇家还一心挂念着南方，终是修了一条大运河把南北给连接起来，江淮官话也跟着运河来到南方。

不信？有古人书籍为证。公元601年，隋朝人陆法言把汉字按照字音分韵编排，纂修韵书《切韵》。在写序时，他说："江东取韵与河北复殊。"意思是："南方的韵书取韵和北方大不相同。"这南方的韵指的就是江淮官话。

即使到了唐宋时期，大家仍以江淮官话为标准音。而整个明代都以江淮官话南京音为标准音。直到明代灭亡后，清代北方方言才正式取代江淮官话成为官话。

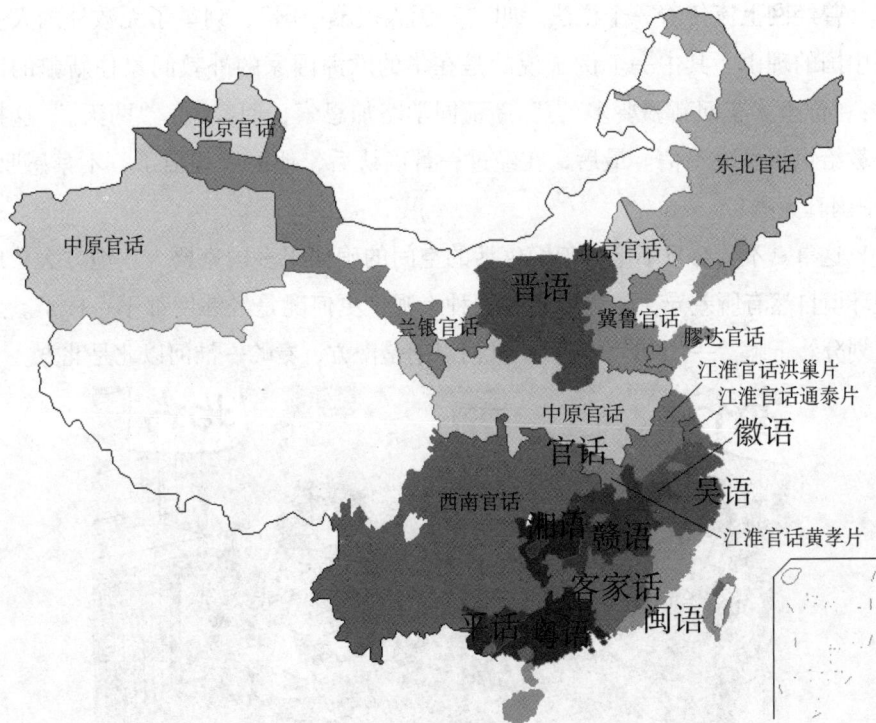

官话地图

说了这么多，大家应该能看出来，在历史长河里，江淮官话一直是普通话的原型，它在很长的历史时期内一直作为汉民族的官方语言。

而咱们合肥话最盛行的时候呢，则是在晚清。那时人们都知道与合肥话同属一个方言区的南京话曾经是"普通话"，再加上李鸿章在晚清的历史地位，使得能说合肥话成了一种时尚。

那阵势，大约就似现在，人们没事吐出几句英语时的得意。

所以，若能穿越回古代的合肥，你就会发现那些文人富贾，潇洒的潇洒，富贵的富贵，一开口却都是讲着跟合肥方言相似的"普通话"，是不是瞬间觉得合肥方言高大上了很多？

说的是北腔南调

曾经网上流传着一个说法，叫"外国人羡慕中国"，列举了无数外国人羡慕中国的理由。其中一个例子说的是在华的欧洲国家的外教问家住新疆的同学："你坐火车回新疆要多久？"新疆同学略加思索，回答说："两天。"这把外教给惊得坚决不信。最后，在经过一番确认后，他终于相信了，不禁感叹："中国真大啊！"

这事真不真暂且不论，咱们生活的空间的确比很多国家要大。地方大，地理环境自然有所差异，一样米还养百种人呢，更何况是经纬度都不一样了。怎么划分？干脆"一刀切"，秦岭—淮河以南是南方，秦岭—淮河以北是北方。

冬日的南北方差异

至此，差异也出来了。细腻的南方人觉得北方人太过粗犷，说话都直来直去，一点也不含蓄。爽朗的北方人又觉得南方人性格软糯，讲个话千绕百转的，忒烦。

夹在南北之间的人就为难了，干脆吸收南北特色，语言语气既不粗犷，也不过于软糯，做个讨人喜欢的中庸派。你看合肥话，就做得很到位，它融合南北方言特色，读音力度偏向北方，语气强烈；字音又变化多端，和南方多丘陵的地形导致纷杂的发音特色保持了一致。

怎么个纷杂法？

举个例子，我们把 1、2、3、4、5 分别对应阴平、阳平、上声、去声、入声。按照普通话发音，"冠""灌"和"惯""贯"是同音，都读"guan4"。但是在合肥方言里，"冠""灌"却读"guong4""guong4"。

又一例，"搬""伴""拌"在普通话里和"班""半""办"读音相同，但在方言里，"搬""伴""拌"却是"bong1""bong4""bong4"。

反过来说，明明普通话中读音相去甚远的字，比如"鸡""自""地"，在合肥方言里统统被念作"zi1"；"洗""喜"，则全念作"si3"；"洗头"和"喜事"都被说成了"死头"和"死事"。

不懂其中奥妙的人乍一听，还不慌了神。

那读音力度又是如何强烈呢！再说刚才的例子"搬"和"拌"。在普通话里，"搬家"就是"ban1 家"，"拌饭"就是"ban4 饭"，只是单纯的叙述，不存在情感的轻重。可是一到合肥方言里，就说成了"bong1 家"和"bong4 饭"。

听起来就像是"绷家""蹦饭"，音的最后像是有东西缀着一样，变得强烈起来，听得人竟然会觉得铿锵有力。好似明明只是普通话里的配角，一到合肥方言里，任何字都能当上主角一样。

南腔北调，就是这个架势。

现在有的合肥人在外地不说方言，因为一说出口，南方人和北方人都觉得很奇怪，都有些和自己家乡话似是而非的感觉，时间久了，使得合肥人误认为自己的方言很难听。哪是难听呢，只不过吸百家之长罢了。以后若有机会在外面来上一段合肥方言，应该带着骄傲地想：我们合肥话很有趣！

用地道的合肥方言说就是：吾们哈肥话真得味（音译）！

时代它在召唤

可惜，"得味"的方言在后来发展得有点"不得味"了。

新中国成立以后，城市之间越来越多的人开始互相串城，合肥也来了不少其他城市的人。各种语言相互交杂，交流久了都有些困难，国家顺势开始大力推广普通话，"说普通话，做文明人"，能说一口普通话代表着文明的进步，代表着新时代的风尚。

相较之下，合肥方言就有点不够看了。在年轻人看来，讲合肥方言，简直就是土得掉渣，是没文化的体现。

大约是在很多人眼里，合肥方言太老了，既没有合适的字眼写下来，也没有合适的发音让五湖四海的人都能听懂。听的人连意思都不明白，这样的语言消失了也没办法。

然而，方言悠久的历史告诉我们，它代表的不仅是音，更是一种地域文明。如果有一天合肥方言消失了，那也就意味着一种文化消失了。一位语言学家对此忧心忡忡："新中国成立后有大约 5 万名老合肥人，而这些人是合肥

和谐相处

方言的最初蓝本，50 年后，随着这 5 万名左右的土著合肥人老去，或许合肥话将会消失殆尽。"

好在，现在大家越来越注意到合肥方言。电视剧、电视栏目、互联网视频都有涉及合肥方言的内容，再平常的普通话，一经合肥方言打理，就变得"萌萌哒"。不少人乐呵呵地跟在后面听一句，学一句，笑一句。

合肥方言能再次被放到大众视野里，是一件值得高兴的事儿。毕竟普通话要提倡，作为合肥人，合肥方言也得会说。不是老外的我们，即使一辈子不出国，都还惦记着学几国语言，更何况是在咱们自己的地界呢。

（二） 日头和太阳

合肥人爱吃小龙虾。特别是在炎热的夏天晚上，总会有一大波人劈开闷热的空气，往大排档一坐："来盆小龙虾。"当桌上的小龙虾"尸横遍野"时，再喝上一大口冰凉的啤酒，那感觉真"_____"！

合肥小龙虾

7

真"什么"呢？真"舒服"，真"冰爽"，或者真"棒"？不不，在老合肥人心里，这些文绉绉的普通话根本无法描述那种满足感，怎么说都觉得差了一点。这个时候，就该拍拍圆滚滚的肚子，一抹嘴巴："趁坦!"

合肥方言的"趁坦"和"舒坦"是一个意思，可是用起来的感觉却天差地别。"趁坦"更入味一些，带着浓重的地方特色。"舒坦"自然也是很舒服的意思，可是"趁坦"和其比较起来，却多带着一份醉意，说的人和听的人似乎都被"醉"得心满意足。就像"孩子是明天的太阳"，合肥人偏爱说"虾们是嘛个滴日头"，硬是把正儿八经、带有教育意义的话说得跟打油诗一样随意。

没办法，爱的就是这个调儿。

不难想象，在语言表达过程中，方言中的某些词汇往往比普通话来得更生动形象。这大概是因为方言在语音和语言特征上都有自己独特的韵味，且方言里的词汇比较丰富，口语更能贴切地表达心境。

我说你敢应吗

要说合肥方言和普通话的差异，那还真有不少，主要表现在声、韵、调三方面。

其一就是合肥方言的调儿有五个：阴平、阳平、上声、去声、入声（前文有记，分别标以1、2、3、4、5）。普通话里就四个，为什么？因为古音入声在普通话里已经没有了。

古代汉语原有平、上、去、入四个声调，到了元代，平声分化为阴平和阳平，就是现在的一声和二声，上声是现在的三声（它里面一部分字归到了去声），而去声就是现在的四声。相比较而言，入声就不太幸运了，它在元代时被直接分到阴平、阳平、上声、去声四个声调当中了。

好在，这个悲催的"孩子"在合肥方言里找到了落脚之处。同时，由于入声的特点是塞音（p/t/k）结尾而使发音短促，因此合肥方言里很多发音较普通话偏急偏重。

其二嘛，就是合肥人虽爱美食，舌头却爱打架。让他说吃的东西，能说个几天不停，可是让他念上几段字音，那他的脑袋疼，舌头也得疼，怎么也念不好。

首先，"n"和"l"就是难以言喻的痛。在合肥方言的声母里，"n"和"l"是不分家的，只要含有声母"n""l"的字音，一经合肥人的舌头，都变成了"l"。"男人"变成了"蓝人"，"女人"变成了"旅人"，"小牛"变成了"小刘"……

n 和 l 不分

等合肥人小心翼翼地避开了"n"和"l"，迎面又来了韵母"en、eng"和"in、ing"。因为在合肥方言里没有"eng、ing"这两个韵母，所以大家遇到"eng"就发出"en"声，遇到"ing"都发为"in"声。

因此，合肥本地人想说"应该"，开口就变成了"音该"，"横着"就变成了"痕着"，不了解合肥话的人听了难免犯嘀咕："这什么跟什么啊。"

这还不算啥，除了以上几个音，还有"可怕"的声母"z、c、s"和"zh、ch、sh"。"争"不念"zheng1"，而是念"zen1"；"撑的"要念"cen3 de1"；树上的"柿子"不叫"shi4 zi1"，叫"si4 zi1"。

一个老合肥人如果兴高采烈地说："舌丝子 bin1 上有一枯似子树。"外地人得费点神翻译了："丝子"是啥？"似子"又是啥？谁能想到其实就是"石狮子边上有一棵柿子树"呢。

不过，话又说回来了，虽说合肥方言因为舌头老打架，一些音总是说不好，但不代表它迟钝。事实上，合肥方言里有一些词，舌头一碰到，就变得无比顺溜。

这就是合音。什么是合音？就是把普通话里的几个字连读，两个音节说成一个音节："喜欢"叫"苏（su3）"，"可爱"叫"咱"，"侄女儿"称呼为"侄略"，"怎样搞"说成"讲搞"。

瞧瞧，这样说省事多了。只不过掐头断尾，外地人听着有些摸不着头脑了。举个例子，普通话说"早上，我看见地上有点脏，但是没有找到扫帚"，按合肥话说，这里面的"早上"要念成"zao2 ang1"，"地下"说成"zi4 ai1"，"没有"发音为"mou3"。

把这些音连在一起，就是"早昂（连读），吾看斤在哎（连读）有毫脏，就是某找到条把。"

这时，外地人真恨不得再多长两只耳朵，一字一句地听清楚。

分类说话会不会

说完了发音，我们该聊一聊词汇了。有人会觉得吃惊，合肥方言这种需要靠音译，连拼音都标不出发音的"语种"还有词汇？

任何一种成熟的语言都会有一定的文字作载体，并且在用词、表述及使用场合上自成一体，更何况是作为非物质文化遗产一部分的合肥方言。而且，在很多方面，它都比普通话来得更加婉转。

例如称赞，在普通话里，夸奖一个女生穿着大方、长相秀美，可以用漂亮、端庄、美丽等词语，种类繁多。但是在合肥话里，三个字就可以完美表达——"青丝丝"。

有人会疑惑，这几个字和形容外貌真是八竿子打不着，用"青丝丝"称赞美女，别人怎么也想不到"美丽"，多费劲。

然而，不是所有的美都有直白的描述，这就让人想到日本作家夏目漱石的一个典故。

有一天，夏目漱石让自己的学生翻译"I love you"，有的学生很快翻译出来："我爱你。"然而，夏目漱石却皱起眉头说："怎么可能讲这样的话，'今夜月色很好'就足够了。"

10

在夏目漱石的心里，感情的交流不一定要直白，婉转的叙述，点到为止最好。"今夜月色很好"，可以理解为和相爱的人在一起，周围的一切都变得异乎寻常的美好。

而"青丝丝"和这"今夜月色很好"有异曲同工之妙——到底是怎样的漂亮呢？"丝丝青草一般"，大抵就如春天初来时那一抹绿色般的美好吧。

同样，合肥方言里对不同环境下使用何种词语也很注意。例如，去医院看望病人，合肥人不用"探望、看望"，因为这两个词发音又响亮，语气又重，怎么都觉得不适合看病人。那用什么词呢？"瞧瞧"，用叠字的方式更能体现较为委婉的语势，比"探望"更适合那种特定环境。

除此以外，合肥方言的词汇分工细致，用法非常丰富。比如和"瞧瞧"意思相近的"瞅瞅（cou3 cou1）"，虽然它们都是"看"的意思，但是针对人的时候，合肥人一般不会用"瞅瞅"，而是用"瞧瞧"。

因为在合肥方言里，"瞅瞅"更多的是使用在一些发生了意外事件的场合，和"瞧瞧"相比，带着一丝好奇心和玩笑心。大家可以说："好像发生什么事了，我去瞅瞅。"但最好别说："昨天阿姨生病了，我去瞅瞅。"

还有"猴"（"瞪"的意思），如"不晓得怎搞的，他一直猴着吾。"意思是：不知道怎么回事，他一直瞪着我。

所以说，合肥方言语义丰富。光想表达"看"，都要根据不同的情景，来选择不同的词语。如此精确，想不表达得形象都难。

这样的精细劲儿还体现在人和动物的差异上。在方言里，人和动物的用词一定要分得很开，比如人可以说"生孩子""养孩子"，动物下崽则不能说"生"，要说"过小狗""过小牛"等等。若两个字混用了，不得了，简直就是把人和畜生混到一起，听的人可得怒起来。

除了用词比较精妙，合肥方言还很便利。有多便利？它能把普通话里的词，拆成单个字使用，那些不能单独成词的字都可以在合肥方言中单独成意。例如"眼睛"，在普通话里，这两个字只有在一起时才能准确表达眼睛的意思，单用"眼"，或者"睛"，都不能组成一句话。而在合肥方言里，就可以说："我的眼好疼。"

又或者是"讨厌"，普通话"你这人真讨厌！"整句话去掉哪一个字都不行，但是换在合肥方言里，就能说"你这人真厌"，或者是"厌死了"。

这样的例子有很多。"嘴巴"可以直说是"嘴"，"泥巴"省为"泥"，"懊悔"单说"懊"。

当然，也不是什么词都可以这样省略。在合肥方言里，一些称呼不仅不能省略，还会加上一个字——"的"。

在很早以前的农村，常有老头挑着装了小玩意的竹担，摇着拨浪鼓走街串巷。鼓声一到，要吃糖的小孩，要买头花的姑娘，需要针线的母亲都会跟着跑出来："挑货担的，等下。"

挑货郎

如果是邮递员来一户人家递信，隔壁家的人也会探头问一句："散信的，有没有吾家的信?"

又或者是两个小媳妇家长里短地聊天："昨天听看大门的讲，王凤成了大商店站柜台的了。"

这里面"挑货担的""散信的""看大门的""站柜台的"在普通话里就是"挑货郎""邮递员""门卫""售货员"。但是在方言里，它们都是按照"职业内容+的"的模式被人们相互传送的。以至于到现在，年轻人和老人的对话还有这么一段：

——年轻人："隔壁王叔去当门卫了。"

——老人："什么门卫？"

——年轻人："就是看大门的。"

——"哦。"老人恍然大悟。

别笑老人跟不上时代，只是合肥方言这样着实便利得很，一句话说完，什么职业、做什么事情的都清清楚楚了。

不一样就是不一样

中国汉字不好学，这是世界上大部分人都知道的。不仅是因为汉字笔画多，还因为它所要达到的精准度高。其他不说，光亲戚的称呼就已够外国人眼花缭乱的。

例如，英语单词"aunt"在中国就得分大姑、小姑、大姨、小姨、大表姑、小表姑等等，还不算那些没有血缘、关系熟稔到形似一家人的朋友，为表示亲近，大人们也直接让孩子称为"姑"和"姨"。

这么复杂的关系，难怪外国人学汉字时忍不住要大呼小叫。如果让外国人来学合肥方言，他们一定会直接晕过去。在合肥方言里，很多词虽然模样还是普通话里的那个模样，可是意思却大不一样了。

例如，我们说的"姥姥"，在普通话里指"外祖母"，可是在合肥方言里，就变成了"姑姑"。

——哎，我姥姥现在 35 岁了。

——我姥姥前天开车去上海玩。

——姥姥的英语学得可好了！

外地人一听估计会吓到：外祖母怎么会如此年轻，这不科学啊。就连合肥人自己说出来，有时都觉得好笑：怎么就和普通话"姥姥"重音了呢？好像硬是把年轻女人叫老了，怪得味（好玩）呢。

除了称呼，很多字都有这样似是而非的意思。

就说"泡"吧，在普通话里可以说成"泡沫""泡泡"或者是"冒泡"。但是在合肥方言里，这个字却是"松软"的意思。

姥姥姑姑分不清

"被子真泡。"

"枕头晒得泡泡的,好舒服。"

字音同,意思不同也就算了,可常常有一些字使用的地方,还有点吓人。

合肥人有时会说:"哎,你这人太肉了。""王明肉到现在,估计还得再肉一会。"

瞧这话吓不吓人,这是吃唐僧肉吗?还嫌肉老?可若不是那么可怕的意思,那又是什么意思呢?

其实,合肥话"肉"和普通话意思基本是一样的,只不过它往外延伸出一个说法:"肉"同"磨叽"。

"哎,你这人太肉了",说的就是"你这人太磨叽了"。

除了"肉"外，合肥方言里还有一个特色字"交"。它不同于普通话的"交"，要有趣味得多。

首先，它可以指多次反复的动作，如"衣裳清了两交，最好再洗一交"。其次，它可以和"全，都"连用："地方都让他给跑交了。""跑交"即"跑遍"之意。

"交"之外，合肥方言中的"过"也有很多不同的意思。

"你不小心点，别把病过过来了。"这第一个"过"是传染的意思。

"我不想在家过了。"这个"过"是"生活"的意思。

"过一刻儿走。"这里是"等"的意思。

"这把伞真过劲！"指的就是"结实"的意思。

"他做事好过劲！"指的又是"厉害、能干"的意思。

此外，合肥方言在很多方面都有自己的"专有名词"。

右手和左手叫"顺手""反手"，手掌和脚掌叫"手板""脚（jue1）板"，膝盖叫"菠萝盖"，指甲叫"指嵌壳"，"七饭"指"吃米饭"，面粉做的饼叫"粑粑"，炸面饼叫"炸粑粑"，炕面饼叫"炕粑粑"。

不得不说合肥方言太灵活了。几乎每个字都"物尽其用"，随时能根据情况调整组合。

普通话	合肥方言
孩子	伢来
吃饭	七饭，扫饭，干饭，肿饭
敲门	靠门
床单	窝单
郁闷	搞伤的了
爸爸	搭
外公	吾低
外婆	吾赖
衣服	嚷儿

（续表）

普通话	合肥方言
厉害	过劲
自行车	纲狼车
吭声	啧声
刺眼	障眼

除了音、词之外，合肥方言的句式也与普通话之间有着独特的差别。普通话里老老实实按顺序说的话，到合肥方言里，偏偏颠三倒四地不按调来。

普通话说："我不知道，他也不知道。"

合肥话就是："我知不道，他也知不道。"

普通话说："我不停地喊，他都走得不见影了。"

合肥话就是："我连喊舌喊，他都走得影子都找不到了。"

普通话说："他现在在打电话/他现在饿了。"

合肥话就是："他打电话在/他饿了在。"

外地人听着好笑，合肥人说起来却舒坦得很。合肥方言就是这样，说它随意，它有自己的一套体系；说它讲究，它却往往在一些细节上出人意料。而正是这些细节让很多人看到了合肥方言的独特性和创造性。

难怪一些简单的普通话对白，经过合肥方言的"再加工"就有了不同的味道。

（普通话对白）

麻雀见到乌鸦，问：我的天啊，你是什么鸟？黑得都恶心！

乌鸦：你傻了吧！我是凤凰！

麻雀：什么？你吹牛吧？哪里有全黑的凤凰？

乌鸦：告诉你，我是被火熏的。

乌鸦又问麻雀：你又是什么鸟？一身的斑，看着都吓人！

麻雀：你说错了，我是老鹰！

（合肥方言对白）

麻雀见到乌鸦，问：我滴个小乖乖，你是哼个雀子？喝滴都意奈！

乌鸦：你把有毫孬吧！吾是凤凰！

麻雀：哼个啊？你别"扯（chei3）"吧？哪块有全喝滴凤凰？

乌鸦：跟你讲，吾是被火秋滴。

乌鸦又问麻雀：你又是哼个雀子？一身斑，看看都喝人！

麻雀：你表跌相了，我是老鹰！

乌鸦和麻雀

你看，合肥方言和普通话就是那天上的"日头"和"太阳"，感觉嘛，真的就是不一样！

（三）民与俗之音

鲁迅先生说过："地上本没有路，走的人多了，也便成了路。"

而路多了后，走的人也就更多，多上加多，最后群而聚之，不仅地盘有了，语言和风俗也跟着出现了。

那么，现在问题来了，民俗和语言，谁先产生于前，谁又产生于后呢？

这是一个有趣的问题，也是一个挺难回答的问题。若说民俗先出现，那么没有方言做传播媒介，它怎么顺利形成？那就是方言先出现了？可是很多方言的产生都和民俗息息相关，若民俗在后，好像也说不过去。

瞧，这问题真不能细想，简直就像在问：这个世界是先有白天还是先有黑夜？都快上升到哲学境界了。

好在，自古智者就不怕哲学，现代语言学奠基人、瑞士语言学家索绪尔对此很了解："一个民族的风俗习惯常会在它的语言中有所反映，另一方面，在很大程度上，构成民族的也正是语言。"

语言学家温端政也说："民俗是第一性的，先有某种民俗，然后才产生和这种民俗相联系的方言词语。民俗的形成与推广必须借助于一定的语言形式，必须有一套和这种民俗相联系的独特的词语。"

哦……民俗和语言原来是一对兄弟。在漫长的人类社会发展史上，他们在生长中相互体现，又相互促进。这关系，可真真儿亲密。

关系好，习性自然也相近，民俗和方言都爱"热闹"。别的先不说，单单是把这两个词放到一块，人们的脑海里

索绪尔

就不由自主地呈现出一派喜庆的画面。好似那旋转的伞儿，咚咚响的鼓儿，红扑扑的俏脸蛋和咿呀咿呀唱着的地方曲都一股脑儿地出来了，跳着唱着好不闹腾。

不过，兄弟也有较劲的时候。前文已说，方言的历史悠久，简直称得上一片辉煌。在金光闪闪的兄弟面前，民俗自然也不肯"掉身价"。

首先，它是一个亲切的"文化家"。在历史上行走的不仅是时间，还有文化。民俗就是其中最贴心的一种文化。你瞧，生产劳动上有它，日常生活里

有它，传统节日里有它，就连社会组织都有自己的民俗文化……

其次，它是一个"变异超人"。民俗即是地方风俗，因此不同的地方，民俗自然也就不同。在人们的文化传承中，它随时要根据具体情况因地制宜，变异出不同的版本。而且，这些版本都有着各自分明的类型和模式，大有"仅此一家，别无分店"的架势。

最后，它是一个"热闹人"。民俗民俗，自然少不了民，它可是在群体共同创造或接受的情况下产生的，哪里有人哪里就有它。

也许，正是因为这个文化的、变异的、爱热闹的民俗和丰富的、特色的方言交相辉映，才产生了精彩纷呈的民间景象。那么，在合肥精彩纷呈的民间生活里，方言和民俗这对兄弟，到底是谁的影响更多一点呢？

民俗和方言

俗生话儿

提到民俗，大家脑海里第一个出现的情景估计就是"节日"了。如今，没有什么比过节更热闹的，也没有什么比过节更能体现出不同的风俗习惯的。那咱们就先来看看这节日对方言的产生有什么影响。

先说这过年吧，大年三十这一天，家家户户都要去扫尘，除旧迎新。合肥人民自然也不例外，不过他们在打扫完屋子以后，还要加一道工序——当地人美其名曰"打香炭"。

打香炭需要一个点燃的炉子、一块大小适中的木炭。把木炭放进炉子，等炭烧红了，在上面喷酒洒醋。瞬间，香雾烟气满屋子跑，这时候再关上大门，把这股气儿老老实实地拴在家里，一直等到气儿都消散了，大家心里也踏实了，总觉得净化了空气，驱邪避灾。

打香炭

喜气洋洋过完了年，转眼就到了3月初，好嘞，大家又得忙活起来了，拿鞭炮的人挑着鞭炮噼里啪啦地放，拿竹竿的人撒开脚丫在田里到处跑，鞭炮轰着，嘴里吆喝着，把一群群悄悄落在地里偷吃的鸟雀轰走。没办法，谁让这一天是三月三，一年里的"吓春分"呢。这一天，田里讨人厌的鸟雀可不想好过了，人们会发出各种声响把它们吓得四散而逃，最好能吓得鸟雀在一年里都不敢来田地里吃庄稼。小孩子们看到这样的场面，也都哈哈笑着凑热闹去。

估计曾经很长的一段时间里，这"吓春分"成了鸟雀年年的噩梦。

说到小孩，又得提起合肥一个不是节日胜似节日的风俗——"抓周"。

"抓周"是在小孩周岁生日那天，父母和舅姨一起吃饭，在桌上摆一圈笔砚、算盘、方片糕、量布尺和糖果等东西。小孩坐到中间后，大人们便逗着孩子去抓其中一样东西。这可不是随便拿什么都可以的，在合肥人心里，"抓周"的孩子第一个抓到什么，就预示着他未来做的事情和这个东西有关。如果孩子先抓方片糕，便认为孩子今后能步步高升；若先抓了糖果，便认为孩子是个"好吃精"，没出息；如果先抓了笔或砚，那可好极了，预示着孩子长大能读书做官，光宗耀祖。

先不论这抓啥是啥的理论成不成立，这个心愿还是美好的。合肥人对待一切能展示美好的事物，都丝毫不怕麻烦，必定要面面俱到。比如人生三大喜事里的结婚。

嘀，这说起来可就长了。首先，"下日子"是必需的。

男家将婚期写成正式期帖，连同彩礼，一并通过媒人传送到女方家里，这就是"下日子"。日子订好了，新娘子家就可以准备办嫁妆了，等待女儿出嫁。

然后，"门缝钱"不能少。

新郎官喜气洋洋地接新娘前，一定要准备无数个小红包，待到了门口，新娘家大门紧闭，这时，男方家人或媒人就要从门缝向内递开门钱，一直递到里面的人满意了，才开门放行。在合肥，"门缝钱"代表着新娘子是有身价的，不是男方家轻易就能娶的普通女子。

等结完婚了，还得"看三"。新婚夫妇要在婚后第三天，回新娘娘家看望父母。

你瞧，仅仅是一场喜事，几乎每个环节都有一些特别的方言词汇。不用那个词，显得就不热闹了。

可见，民俗活动还是很能"生"方言的呢。

不过，这样一说，合肥民俗风情就有些不"服气"了：能"生"怎样，我还能"唱"呢。合肥话嘛，唱的比说的不一定好听，但是还真挺好玩。

先唱个认真读书的民谣："家无黄金不要紧，要让儿孙读字文。黄金虽贵书更贵，书比黄金贵十分。"

再学个当地风情的小曲："车水，摇水，大河湾来水。车半塘留半塘，留给大姐带衣裳。"

还有："和尚头（小孩），打酱油，一打打到四牌楼。"

最后来个父母对孩子疼爱的调:"小扁头(小孩),翻墙头,一块瓦,打破头,爹爹摸,奶奶揉,哎哟哎哟我家的小扁头。"

这里面,"不要紧""带衣裳""和尚头""小扁头"都是独具特色的方言,在合肥丰富的生活形态中,它们鲜活地存在于人们的口中心中。遗憾的是,随着时代的发展,这些老合肥人小时候耳熟能详的民谣,现在已经不大出现了。不过,合肥年轻人也创造出不少新式曲目。例如,网络流行的合肥方言版《挖芋头》。

麻早上五点忘钟村西头集合。

男的带锹,女的带筐,家侠们带绳子,扒拖拉机,骑摩托车,拉板车,到白水坝去挖芋头。哈不去的,拔光衣服弄棍索弄锹郭,真不中我就写扎把头去砸死他。

街个一天我没吃饱,麻早上五点忘钟村里头集合。男的带锹,女的带筐,家侠们带绳子,爬拖拉机,骑摩托车,拉板车,到白水坝去挖芋头。哈不去的,拔光衣服弄棍索弄锹窝,真不中我就写扎把头去砸死他。

二宝子,你麻个早上格去挖芋头,你不去挖芋头,你给窝蹬倒抱头唱东方红……

(普通话版)

明天早上五点左右村里集合,男的带锹,女的带筐,家里小孩带绳子,爬上拖拉机,骑着摩托车,拉上板车,到白水坝去挖芋头。哪个不去扒光衣服用棍打用锹打,不行我就用砖头砸死他。

今天一天我都没吃饱,明天早上五点左右村里集合,男的带锹,女的带筐,家里小孩带绳子,扒拖拉机,骑摩托车,拉上板车,到白水坝去挖芋头。哪个不去扒光衣服用棍打用锹打,真不行我就用砖头砸死他。

二宝子,你明天早上可去挖芋头?你不去挖芋头,你给我蹲在地上抱头唱《东方红》……

一比较,就会发现,方言版的《挖芋头》唱得很"得味(好玩)",但是一换成普通话,笑点似乎都不见了。

可见,合肥风情带出来的合肥方言,就是别有一番滋味!

话里俗事

民间有这么一句开场白：俗话说得好，俗话有云。别小看这几个字，一般情况下，它的出现意味着后面的内容会蕴含着千百年来人们的智慧。

而这"俗话说得好"里的"俗话"，我们可以理解为"民俗+方言"。试想，在众多民间活动和民间风情中，如果不用当地人的特色语言去表达，那还能凸显出与众不同吗？更不用说"家住三五里，各处一乡风"的情境了。所以说，虽然民俗的影响力不小，但是那也只有多彩的方言才会将其优秀的品质表现出来。下面，我们就来看看，方言是怎样体现民俗的。

首先，通过语音影响。说起来蛮"高大上"的，其实就是谐音，标准解释是当某个词的发音和生活中祈愿或禁忌词语的发音相同、相近时，就换一个同音或近音词来替代本字，以便产生不同的意义。

听起来是不是有点绕口？简单地说，就是利用谐音字把不吉利的事情说得吉利点，又或是通过谐音让一件吉利的事情变得更加喜庆。

举个最简单的例子，春节期间，合肥的家家户户都会贴春联和"福"字。贴"福"字的时候，大家会两手一翻，把"福"倒过来贴。

为什么？因为福"到"了啊。这里"倒=到"，这么反过来一贴，未来一整年的好运似乎就立刻奔到家里了。

除此以外，在大年三十的晚上，平时吃的菜都要"改名换姓"，青菜豆腐叫"平平安安"，粉丝变成了"钱串子"，肉丸子变成了"团圆"，红烧鱼就是"年年有余"……最后吃饭也不能全吃完，要在碗底留一点，叫作"留锅底"。就连长辈给晚辈的压岁钱，也是因为"岁"与"祟"谐音，希望晚辈得到压岁钱就可以平平安安地度过一岁。

这种微妙的感觉真有一些"偷梁换柱"的意思，似乎换了个词，民俗里的那些吉利气都被招来，颇有点"化腐朽为神奇"的力量。就如在民俗活动中，如果人们突然遇到一件很不顺的事，通过合肥话的转变，立刻就变成顺利的事了。

例如，初一早上，如果孩子不慎摔碎了碗碟，大人们就会赶紧念叨几句"碎碎平安"。因为"碎"与"岁"同音，"碎碎平安"就是"岁岁平安"，

福"倒"了

立刻把不吉利的事情说得吉利起来。

又由于在合肥方言里"洗"念作"si3"，平时大家都说"死脸死脸。"可是到了春节，这话就不太好说了。新的一年里，"死脸（洗脸）""个死好了（洗好了吗）"说个不停，真有些煞风景。可避开了这个字，怎么说洗脸呢？总不能全家老少都不洗脸了吧？

合肥人想了个办法，不说"洗脸"，直接喊"抹（mu3）脸"。嘿嘿，这样总算是不会产生误解了。

除了节日，生活里也不乏这样的情况。例如，说到某某人亡故，合肥人觉得无论是直说"死"还是"亡故"，都太过伤感，不如说"走了"，对生者是慰藉，对死者也是尊重。而老人故去，更需要婉转地说"老了"。

除了这些，在请客吃饭上，老合肥人也是很讲究吉利的。如果有人来做客，主人最忌讳用三个菜待客，因为合肥有"两个菜待客，三个菜待鳖"的说法，三道菜上桌，对客人真是太不礼貌了。端上来的菜里，如果有豆腐这一道菜，那大家得注意了。合肥人把调戏女人的行为叫"吃豆腐"，为了避讳，在说豆腐这盘菜时，应该把"吃豆腐"说成"都富"；小酒咪着（喝着），吃得欢了，自然要行酒令，客人也得注意，不能一直说"五"，因为"五"与"无"谐音，不停地说"五"，简直就是在告诉对方："你家没有菜。"

请客吃饭

此外，不同职业的人，又会有许多不同的忌讳，例如：船民们不说"帆"（翻），要说"撑篷""落篷"，把开船叫"走船"，停船叫"住船"等。忌讳说"乘船"（沉船）、"帆船"（翻船）等。

除了避讳而用谐音外，现在也有很多店铺故意用合肥话的谐音命名，吸引眼球。比如，一家老母鸡汤店，取名"朗么鸡"。不会说合肥话的外地人一看，还以为是什么特别的鸡种。可当地人瞧着就乐呵了，这不就是老么鸡（老母鸡）的音译嘛，名字又直接又咱（好玩）。人还没进去呢，就已经下意识地感觉这店里的汤味，肯定地道。

所以说，合肥人很善于把方言融入节日里、日常生活中，并且会利用方言调子尽可能避免不吉利的情况。

这样细想，似乎能得出一个结论：方言是民俗得以延续的载体，民俗又是方言表现的重要内容，民俗和方言对彼此的影响力是不分伯仲的。

民与俗之音，怎么看都是一片和谐之音呐。

题外话：一个测试

现在网上流传一个特别的考试题目：合肥方言六级版、合肥方言八级版考试卷，内容五花八门，涉及面着实广泛，确实很有意思。笔者从中筛选几题，不知道你知道多少呢？

1. 下列字词在合肥方言中读音或谐音完全正确的一组是（　　）

　　A. 骑车（chēi）　碰撞（chuàng）　胡扯（chěi）　冲（chòng）　瞌睡

　　B. 搅和（huò）　等（hòu）着　糊糊（hú）嗒嗒　好（háo）大事

　　C. 掰（biě）断　先（qiān）后　叉（chā）腰　屁介介（jǐ）

　　D. 没（mǒu）　太阳（rě dou）　拣（liān）到　日歪（bǎi）

2. 对下列合肥方言词语理解完全正确的一组是（　　）

　　A. 搓波：畚箕　扳掉：丢掉，甩掉　不搭尬：不着调　过劲：带劲

　　B. 得僵：报废　醋：极冷　荷包：香包　默：移动

　　C. 敁：抬，架　奢：缩　磨：瓢　肉：慢

　　D. 巧：便宜　照：行，可以　赞：撞　乍不乍：偶尔

3. 下列词语用合肥方言读音不相同的一组是（　　）

　　A. 山西/陕西　　　　　B. 西瓜/丝瓜

　　C. 闪金/神经　　　　　D. 不晓得/褙得

4. 有人说："我的心里不撑坦。"意思是（　　）

　　A. 说他自己心胸太狭窄。

　　B. 说他自己心里老是发慌。

　　C. 说他自己心里不舒服。

5. "这侠们好咱！"的意思是（　　）

　　A. 这些江湖大侠值得赞美。

　　B. 这个小孩很可爱。

　　C. 这些虾子太小了。

6. 有人告诉你："嘛个枣上，屋顶望中，词刚郎车。"他的意思是（　　）

　　A. 明天早上五点钟左右，骑自行车。

　　B. 那天早上我站在屋顶，看到开来了一辆车。

　　C. 早上五点的时候，我看到了一个叫刚郎的人。

（答案：ADACBA，不知道你猜对多少？）

二、八山一水一分田
——徽州方言与地域

（一）千言万语是一处

现在，人们有时会开玩笑地自嘲"一分钱难倒英雄汉"，殊不知英雄汉指的是宋朝开国皇帝赵匡胤。

这个典故说起来颇不光彩。赵匡胤以前很穷，身上经常一文钱都没有。一天，他一个人在外面，热得实在难受，突然看到一个西瓜园，园主是一个老翁。赵匡胤就寻思着吃白食：先吃了，再问价钱，然后说价钱太贵，坑人，不付钱，这样就可以吃得痛快了。想到这个点子后，他便向老农要了很多西瓜来吃。吃完，他一抹嘴问："多少钱？"

谁知道老翁看看他，伸出了一个指头："一文钱。"呵……天底下可找不出比一文

宋太祖赵匡胤

钱更少的钱了，但是就这一文钱赵匡胤也没有，预先准备的借口根本没法用。此事就这样难倒了赵匡胤，所以后来就有了"一文钱难倒英雄汉"的说法。

虽然不知道当时的具体情况，但是可以想到这堂堂七尺男儿尴尬地站在那儿，模样真是够狼狈的。但是，若赵匡胤是在歙州（后改为"徽州"）寻思着吃西瓜，那估计以后的典故里，让赵匡胤为难的就不是"一文钱"而是"一句话"了。祖籍涿郡（今河北涿州）的他可能连和老翁对话的机会都没有，不为其他，仅仅是因为语言不通。因为徽州方言实在是太复杂了，外地人甚至连一个发音都抓不住！它似乎完全跳出现代人的语言范围，不受一点干扰。从这一点上可以说它足够任性。

任性的语言也有足够任性的资本。徽州方言骄傲于自己悠久的历史和"谁也不沾边"的独特。

好山好水住好人

关于徽州方言的历史，一千零一夜也说不完。

历史上，中原地区的经济比较发达，人们思想也进步得快，名人像花一样一层一层地开放着。大约是这样，中原人就有些傲气。再加上，那时大抵环境好，中原都没有什么污染，不流行去山水里旅行，中原志士们致力于各种智力和武力角逐，也没那个闲暇出去游山玩水。因此，判断一个地方好与坏，直接和当地人的学识及地方开发水平的高低挂钩。

受经济和地势限制，当时山多水多的南方便被中原人"轻视"了，由于南方未得到足够开发，语言都没办法统一，只不过隔座山，打个招呼都要"指手画脚"，更不用希冀统一的文化了。这样想来，南方除了山水风景外，的确不是一个怎样好的地方。就连现在看起来美得不得了的海南，在那时都是中原人士畏惧的凶山恶水之地。唐代政治家李德裕在《贬崖州司户道中》叹道："一去一万里，千之千不还。崖州在何处？生度鬼门关。"这里的崖州指的就是海南的三亚一带。意思是说，去海南居住，简直不如埋骨中原。

在这样的氛围里，秦汉时期的徽州由于属于南方，也毫无悬念地被称为"蛮夷"之地，即使当地人觉得憋屈也没有办法，谁让中原人士在文学、经济、书法、美术等方面的确比自己优越呢？但是，事情很快出现转机，这一切还要从西晋的永嘉之乱说起。

就是在那次动乱之后，中原愈加混乱，天灾人祸，民不聊生，原本适合居住的中原似乎变得有些不适宜了，不止平民百姓开始迁移，就连北方士族们也有了搬家的念头。

可是搬哪儿去？放眼望去，到处硝烟弥漫，怨声载道。这时，峰峦绵延、地势险要的徽州映入他们的眼帘。多好的地方，绿水蓝天，民风淳朴，简直就是世外桃源。为此，那些做官的、做学问的士族开始举家搬迁，向徽州迁移。《歙县志》便有记载："邑中各姓……半皆由北南迁，略举其时，则晋宋两朝南渡及唐末避黄巢之乱此三朝为最盛。又半皆官于此，爱其山水清淑，遂久居之，以长子孙。"

《歙县志》

可以看出，大家对这次迁移都满意得很。

历史上，这样大规模地向徽州迁移，大约有三次。士大夫们在徽州过着心满意足的生活，也终于从狼狈的旅途中缓过神来，积极适应另外一种生活。他们把自己的学问带了进来，也把自己的家族文化标示了出来。尤其到了宋代以后，程朱理学对徽州的影响更加深远，宗族伦理就是"天理"。

他们的强势，很快使他们在徽州反客为主，经过时间的雕琢，终于形成了八大家族：汪、程、吴、黄、胡、王、李、方。

"汪氏"家族了不得，以汉代龙骧将军汪文和为世祖，到了宋朝又出了宰相汪博彦，还有明代医学家汪机、清代画家汪士慎，就连民国时期也有一个国务总理呢。

"黄氏"家族也不落后，他们以东晋新安太守黄积为世祖，后代名人主要有明清时期的黄氏刻工、清末篆刻家黄士陵、近代著名画家黄宾虹等。

"程氏"家族有着自己的骄傲，他们以东晋初新安太守程元谭为世祖。之后，又产生了一系列集大成者，如宋学者程大昌，明文学家程敏政、制墨名家程君房……

诗书传家

八大家族中，每个家族的成员都如此厉害，根系可谓深远。而且，他们基本都是一家一族地建立村寨，排斥外姓人，即使外姓女婿来了，家人都有些不乐意让其住在村里。在这种相对闭塞的环境下，语言的交流就有了狭隘性。常常是这里说这家话，那里又换成另一家的话，甚至在一个县里，有的词汇有十几种发音。

若单单这样也就算了，除了这八大家族，还有很多人迁入这美丽的地方。他们来自五湖四海，语言也不尽相同，吴语、赣语、江淮语……这些不同的方言都冲进了当地话里。那么，当各种不同的异乡话加上各种不同的当地话，最终会等于什么？

等于各种不同的混搭话！徽州方言和外地话最终还是融合了，形成既有统一特点，又有不同"性格"的特色方言。

总而言之，"混搭"什么的，自古就蛮流行嘛！

就是这样任性

不过，混搭虽是时尚，却苦了外地人。好不容易听懂了这个地方的话，自信满满地往东多走了几步。嗬，又是"一大波听不懂的方言"袭来。

不得不说，徽州方言真是很"任性"啊。先不说它的多样性，单说复杂程度，已经十分罕见：它竟然和普通话一点都不相同，甚至连自家的徽州话都不愿一致，非要分成不同种类，大有我就是如此"另类"，你奈我何的意思。

语言学家常罗培对此深有体会，他曾经说过："在我研究过的几种方言里，徽州话算是够复杂的了。在我没到达徽州之前，我总觉得各乡各县之间的差别只是声调的高低罢了，但是实际的现象，非但县与县之间是截然两个方音，就是一个县里各乡的音有时候也非分成两个系统不可。"无奈之情尽显。

这怪不得徽州人，只能说，徽州的地界最容易养成语言"任性"的因素。为什么这样说？

追根溯源，我们先看看徽州到底是什么地方。

徽州，在古代称为歙州，是由黄山市的歙县（含现徽州区及黄山区汤口镇）、黟县、休宁（含现屯溪区）、祁门及婺源（现属江西上饶）、绩溪（现属安徽宣城）六个县组成。从地图上就能看出，这些地方大多是丘陵、山地，"八山一水一分田"。这样的路走起来确实很麻烦，住在这里的人可不能像平原地区的居民，没事便能驾个车去邻村邻镇溜达溜达，串串门，唠唠嗑。时间久了，语言的"有无"互通不了，就慢慢地产生了差异，甚至仅仅隔了一条河，讲话的人也得琢磨琢磨对方想表达的意思。

不信？那歙县当地话："停当（dāng）肉。"你能猜出来它是"可爱的孩子"的意思吗？又或者休宁人说："伶（lā）俐（lī）宝（bē）。"你能看出它其实还是"可爱的孩子"的意思吗？

这两句都是当地话，明明是一个意思，可是发音、字眼硬是一个都不同。外地人进来，听得懂才奇怪呢。

除了自然环境的因素外，不同的生活习俗也使徽州方言产生不同的表达方式。例如，他们的住处——如今家喻户晓的徽派建筑。徽派建筑的特色是统一的青砖、黛瓦、马头墙。为了凸显它的大气，徽州人在细节上下了不少功夫，比如在窗棂上、墙壁上雕刻精致的纹路，在高高的屋顶上雕刻活灵活现的神仙、活泼可爱的鸟兽。比起洋房来，徽派建筑更显得古朴可爱。

徽州古村

而且，在徽州人眼里，这不仅仅是建筑，这是自己在这片土地上生活的"根"，是家族文化代代流传的证明。相比较我们冷冰冰地看待房屋，他们更愿意把它看作"带有历史痕迹的人"。那门槛就是人嘴里的舌头，叫作"门舌儿"。大门是人的胳膊，那"门背后"自然被称作"门后腋"。

这样一喊，房子好像真"活"了。徽州人对此满意了，外地人却晕了。不过，管他听懂听不懂呢，他们乐意就好。

瞧瞧，可真够任性的。

（二） 古色古香古语

人总是容易怀旧。

这和现实无关，更不存在逃避什么，只不过沾染了岁月的痕迹，总是容易让人陶醉。特别是现实中正在流逝的美好，最最折磨人，只能眼睁睁地看着它流失，却抓不住时间的衣角。

没了就是没了，变了就是变了。就像今天回不到昨天，就像徽州变不回过去的徽州。但是花开香散，风吹有声，总有一些东西会留下。就像时间留给了我们记忆，就像徽州留给了我们语言。

只是，面对这带着年份的语言，我们需要问自己一个问题：徽州到底在哪儿？

有首歌叫什么来着？《最熟悉的陌生人》，徽州在很多年轻人心里，大抵就是如此。说它熟悉，若问徽州在哪儿？过去如何，现在如何？却总有一些人哑口无言。说它陌生，徽菜，徽派建筑，徽商……这些外地人都耳熟能详的名词，说的不都是徽州吗？可翻遍地图却又找不到徽州的名字。

它在哪儿？又或者说，现在，它变成了谁？

还是问问历史吧。

要说古代徽州，自秦朝置郡县以来，它已有 2200 余年的历史。在宋徽宗宣和三年（1121），歙州改为徽州，历元、明、清三代后，变成"一府六县",即徽州府及所辖的歙县、休宁县、婺源县、祁门县、黟县、绩溪县,徽州府治驻歙县。到了1987年,"一府六县"的模式就变了,徽州地区改为黄山市;1988年,地级黄山市正式成立,辖三区(屯溪区、徽州区、黄山区)四县(歙县、休宁县、黟县、祁门县)和黄山风景区。

可以看出,现在的黄山市就是徽州,但是缩小版的徽州。而历史上的"一府六县"的古徽州才是锻造了无数历史的徽州。

好在,虽然古徽州面积缩小了,但是徽州的古老语言却意外地保留了下来,至今人们还使用着相当多的古词语。

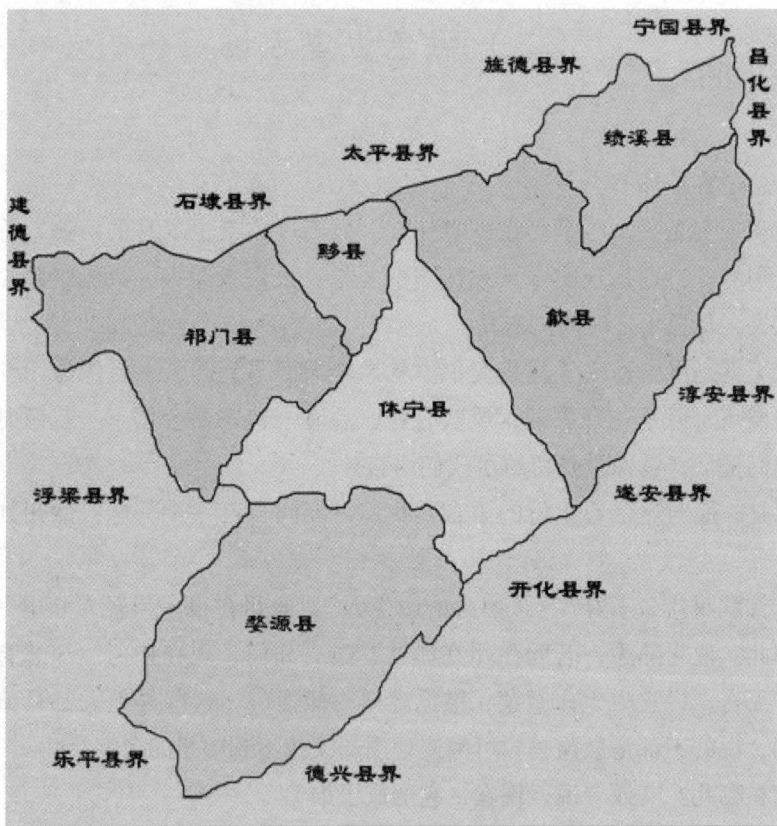

徽州府所辖六县

跨越千年的痕迹

就像人们总在想象白垩纪的恐龙如何生存一样，大家对古代人的生活也很好奇。怎么吃怎么穿怎么走怎么说，光看古书已经不能满足现代人的好奇心，单从热播的穿越剧里就可以看出，大家已经迫不及待地想亲自感受古代人的生活模式。可惜，别说感受他们的生活了，就连他们的话现代人也多数都感受不了。电视里大抵只有《甄嬛传》说得有点味道，但是那味道又太过雅，古人这样说一天，舌头会不会打结？

其实，古人说话到底是什么样儿，去一趟徽州就明白了，当地人说的那些我们觉得土得掉渣的话，无论在词汇、语法还是语音上，都保留了许多自秦汉至明清时代的语言特点。

不要觉得好笑，这可是真的。殊不知，当我们嘲笑方言土的时候，土的反而是我们自己。

不信？那就来看看吧。

先说一个"走"字。这可是在我们生活中用得最频繁的字："你什么时候走？""现在不走，过会走。""那我先走，走慢一点。"

可是在徽州的绩溪方言里，这个"走"就不是"走路"了。如果在徽州，有人对你说："慢慢行，不要走啊。"你可能会觉得奇怪："行不就是走吗？一会要慢慢走，一会又不要走，到底想怎样啊？"其实在徽州方言里，这个"走"是"跑"的意思。"慢慢行，不要走啊"说的就是"慢慢走，不要跑"。

如果你觉得这话别扭，那可冤枉它了。人家可是正正规规按照古文来的。金文的"走"就是一个摆动双臂跑步的人，下部像人脚，合起来表示人在跑。我们学的《木兰诗》云："两兔傍地走，安能辨我是雄雌？"《五蠹》中也有提："兔走触株，折颈而死。"还有《廉颇蔺相如列传》那句："臣尝有罪，窃计欲亡走燕。"这些文言文里，"走"可都是"跑"的意思。

这样一说，是不是瞬间觉得徽州人简直是古人的再现？

再说一个"踱"字，这是古代常用的词。《红楼梦》里有这么一个场景："贾政踱出暖阁，站班喝道的衙役只有一个。"这里面"贾政踱出暖阁"说的就是贾政慢慢走出暖阁。在现代呢，虽然它们常常出现在散文，或者小说里，但是没有人把它当作口语，现实中用上它，似乎显得太卖弄，太矫情了。那情景大抵如下：

——A："今天天不错，我们慢慢踱。"

——B："啊？夺什么？"

——A："不是夺，是踱，踱步的'踱'。"

——B："直接说散步，装什么风雅啊？"

你看，是不是？但是，这在徽州的休宁人那儿，却是再平常不过的事情了。他们会说"踱步""踱路""慢慢踱"，想想就好有古味。

还有一个字也很有意思："浴。"大家都知道，"沐浴"就是洗澡的意思，但是生活中很少有人会说"沐浴"，总觉得太雅了，不如"洗澡"来得直接爽快。可是歙县人却雅得很，洗澡是"洗浴"，涮洗是"浴一下"。这和古汉语的用法出奇的一致。《楚辞·渔父》云："新沐者必弹冠，新浴者必振衣。"

洗 面

《礼记·内则》也曾对洗澡规定："五日则燀汤请浴，三日具沐。其间面垢，燀潘请靧；足垢，燀汤请洗。"

此外，徽州人爱说"面"。这个不是指可食用的"面"，而是指我们的脸。时光追溯到古代，那时候，人们没有"脸"这一说，都是直呼"面"。"面"初期指的是妇女目下颊上涂上胭脂的部位，后来慢慢地转变成脸的全部，因此也才会有古代著作《战国策·赵策四》中的"老妇必唾其面"。虽然在漫长的使用中，"面"逐渐变成了"脸"，但是徽州人还保留着"面"的用法，如"面孔""面嘴""洗面盆"等等。

诸如此类还有武侠剧里世外高人的通用台词："看个人的造化。""造化"一词，现代人已经很少用了，直接说："看运气。"只有徽州人仍继续用着。

也有一些词，在徽州人口里，带着古人含蓄委婉之风，比如"畁"。"畁"是古语中"给予"的意思。就像《诗·鄘风·干旄》中记述："彼姝者子，何以畁之？"意思是："那个美丽的人啊，拿什么赠送给她呀？"

这样一想，徽州人能保留"畁"，真是美好得很啊！

除了日常使用的词，徽州人的称呼也很"复古"。不知道大家记不记得杜甫的《石壕吏》："老妪力虽衰，请从吏夜归。急应河阳役，犹得备晨炊。"里面的"老妪"，指的是年老的妇女。在徽州旧俗里，婚后的妇女都被称为"老妪"。而且，无论生前死后一律称妇女为"孺人"（"孺人"在古代是妇女的封号），称新娘子为"新妇"或"新人（yìn）"。

此外，休宁人还会说"老朝"，意思就是"爷爷"。这个称谓来自于宋朝的"朝奉"。宋代时，"朝奉"指的是正五品官员"朝奉大夫"。到了明清两代，徽商崛起，"徽州朝奉"就成了徽记富商和当铺掌柜的专称。这样的称呼影响到徽州，普通人家的男子也开始如此互相敬称，那阵势大约相当于现在的"老板"，到最后就转变成对爷爷的尊称了。

长辈们的叫法大气，晚辈们的叫法就更朝气些。例如，徽州人喜欢把大哥念作"大郎"。在古代，"郎"这个字一般是对男子的尊称，很多诗人都爱用"郎"来形容男子。如李白《长干行》中的"郎骑竹马来，绕床弄青梅"，《三国志》中的"瑜时年二十四，吴中皆呼为周郎"。

这感觉，可比单纯的"哥哥"来得帅气多了。

徽 商

话里言间典故多

大约是很多词来源于古代，所以徽州人说的方言，若是细细研究起来，总能带出几个有趣的典故来。

例如，他们吃亏时说的"吃鳖"。

"鳖"＝"瘪"，不止徽州人，谁也不愿意吃瘪。可除了徽州人，很多人并不知道，刚开始"吃鳖"可不是贬义词，而是实实在在的褒义词。

古时候不像现代，讲究市场经济，大家会想点子搞养殖，增加产量。像鳖这样的滋补食材，基本不可能普及于市场之中，只有富贵人家才能拿来做菜，尤其遇到大鳖时，那只能是王公贵族享用了。这种情况下，"吃鳖"简直就是特殊待遇，因此古人得到较大好处时，就会喜滋滋地说句"吃了鳖，吃了个大鳖"。

但是后来"吃鳖"就有些变味了。

这事还挺滑稽的，说起来是在春秋时期，一天，楚国给郑国君主郑灵公送了一只特大的鳖，但是郑灵公不太喜欢和人分享。他琢磨来琢磨去，这巨鳖哪个地方都舍不得分给别人，就连他的大儿子归生也不行。

归生呢，估计也是个吃货，看见父亲吃得津津有味，哈喇子都要流下来了，就请求父亲赐一口肉，哪怕赏一口汤都行。郑灵公吃得正欢呢，给他这一打断，有些不悦了：你这吃一口岂不还想着第二口，绝对不行！

他不仅不答应归生的请求，还狠狠地骂了他一顿。这把归生气得，回宫就拉着亲信商量谋反。最后杀了父亲，自己做了君主。

这件因为"吃鳖"引发的命案传出以后，百姓都觉得，如果当初郑灵公把鳖给儿子吃了，就什么事都没有了。他就是因为独吃大鳖才吃了大亏，看来这鳖是不能乱吃的，吃得不对就是一件很不吉利的事情。

郑灵公吃鳖

慢慢地，大家就用吃鳖来比喻生活中的倒霉事。例如，在某件事上吃了亏，就说"真倒霉，又吃鳖了"，不小心被别人骗了钱，也会来一句"吃了个大鳖"。就这样，"吃鳖"莫名其妙地变成了"吃亏"和"倒霉"的意思了。

好玩的是，徽州人怕"吃鳖"，却爱"说鳖"。如果你在网上发微博絮叨啥，徽州人乐颠颠地在底下留言说："在网上说鳖啊？"你可别着急冒火，这话虽然听起来不是很好，但它其实就是"网上闲聊"的意思。徽州人心里，"说鳖"就是"闲聊、东扯西拉地说"，至今那儿还流传着"深山僻坞里念书，不如十字街头听说鳖"的老话呢。

更好玩的是，这个"说鳖"的典故还是和郑灵公的儿子有关。

话说当年，因为吃鳖的事情，归生被父亲骂了一顿，心里自然十分不满。越想越憋屈，他干脆找来亲信，把这事添油加醋地说一遍，以发泄心中怒火。

亲信们一听，得，这个就是吃货之间的矛盾啊。可是又不能说主子的不是，也不能怪罪到那只大鳖头上，只好把矛头指向了郑灵公。于是，这一帮大臣该奉承的奉承，该替主子发牢骚的发牢骚……一时间，满屋子的人都在说郑灵公的坏话，讽刺的有，挖苦的有，挑拨的有，煽动造反的也有……这些话渐渐让归生起了杀父之心，然后才有了那些下文。

后来，百姓就把"说鳖"当作东扯西拉的闲聊和发泄内心不满的代名词。人们没事时在一起聊天，不管什么话题，只要是没有特定的或专门的内容，都统称为"说鳖"了。

这个典故到底是真是假，只有那只倒霉的大鳖知道。但是，可以看出徽州方言里的确有很多词都和古语息息相关。

难怪有人说，徽州话就是古语的"活化石"。

纵万变不离其音

化石虽好，可除了专业人士，对于普通人来说也就是一块石头。虽然说徽州方言中的字很多都是古代流传下来的，写下来大家还能看得明白，但是念出来又是另外一回事了。徽州方言是古代吴越语系的一个分支。别的先不提，这个吴语可了不得，它极近中古雅言，和官话相比，包含了更多的古音，它的字音及语言要素都与《切韵》《广韵》等古代韵书高度吻合。这意味着，徽州话忠实地保留了古汉语的发音特点。

首先，他们的语音上保留了古代时期的尖音和团音。

尖音就是指声母"z、c、s"拼"i、u"或"i、ü"起头的韵母，简单地说就是把舌面音"j、q、x"（击七夕）念作"z、c、s"（资次丝），发音位置向前移了，如徽州人说"解释"这个词，就直接念作了"ziě shì"，"英雄"念成"yīng sóng"。团音则是指声母"j、q、x"拼"i、u"或"i、ü"起头的韵母，用舌头抵腭发出来的音，比如，徽州方言里的"基（jī）"和"洗（xǐ）"。从某种程度上说，现代语言更像是团音。

也许是因为尖团音太烦琐，现在普通话和很多现代汉语中已经没有尖音和团音的区别了。可是徽州人不管，在古代，尖音和团音就属于两种不同的语音，现在没道理要混在一起，不同仍然不同，不能混为一谈。在这方面，他们倔强地遵循着古人的方式。

例如，"尖、千、先"在普通话里读作"jiān、qiān、xiān"，而徽州人却坚持读作"ziān、ciān、siān"。

还有吃晚饭，当地人叫"吃下昼"，从字面看这几个字，应该念作"chī xià zhòu"，但是徽州人却念作"吃下酒（chī xià jiǔ）"。就连"舌头"也不愿意念成普通话里的"shé tou"，而要念作"结头（jié tou）"。

其次，他们的语言多 n 化韵。这个说起来就有点像北京人的"儿化音"。只不过，人家是卷着舌头拐着发音，徽州人不赶这个时髦，自顾自地把"n"作为字的发音尾巴。如"猫"这个字，休宁人叫作"民"；祁门人读成"棉"；黟县的人更厉害了，直接说是"命"，直接把"猫"和"命"画上了等号。

琢磨琢磨，它们可不都是带着点"n"吗！

除此以外，徽州方言里的那些字音几乎都能在古代找到出处。如屯溪的"溪"，普通话里念作"xī"，徽州话称为"qī"。怎么？觉得徽州人念得不标准？可在大宋时"溪"都是念作"qī"的。

徽州人说"爷"，不读"yé"，而读"yá"，这是按照隋唐人的念法读的；读"怪"不读"guài"而是读"guè"，是两汉时代的音；还有"松树"，它不念"sōng shù"，而念作"cōng shù"，"松"和"从"是一个音，这是古音读法。

难怪来徽州的人噎着听不懂话，把这些音连在一起说出来，怎么都和普通话不沾边，简直就像是"天书"。

就是不知道"天书"里的流行歌曲是什么样子，会不会让人云里雾里？

当地人估计也想到了，干脆在网上写出屯溪话版歌词，让大家猜一猜：

"Tie xi au yi he ni tiu, xu zan yi he nie gau。a bu xi di, a bu xi di, a bu xi di……de me ge yue de me ge liau……"

大家有没有猜出来，他唱的是刘欢的《心中的太阳》："天上有个太阳，水中有个月亮。我不知道，我不知道，我不知道，哪个更圆哪个更亮……"

哈，估计别说唱了，不少人连读出来都费劲得很。徽州就像是另一个世界，语言不通得让人着急。但是，当人们走在徽州小道上，看着青砖黛瓦、碧水蓝天，听着"老朝""老妪"靠着竹椅"说鳌"，一群稚儿带着糯糯的古腔嬉笑穿过时，又恍如穿越回千年之前，这着急的心便就慢慢安静了下来。

此间味道，即使不通言语，亦足够品味。

（三）守一方闻一声

中国人讲究度，万事要有个标准，低一厘，高一分都不合适。若是文化，自然是百家争鸣来得好，可终还是要选一个最主要的、中心的，不然就乱了套。至于语言，历来大家觉得，更要统一为好，若是也来个"百家争鸣"，鸣来鸣去的，那得多闹腾。

这就让徽州人有些不好意思了，作为一个不大的地方，徽州语言不统一就算了，竟然还小范围的"百家争鸣"。走几步，语言就不同——它有吴语的基础，又有点像江淮官话，仔细听却带着客家话的影子，再深谈，居然连闽、粤方言的特点都包含了。

这可难为了专家们，这"什么都不像又什么都像"的方言归入哪个方言区都不合适，商量来商量去，只能暂时作为"未明方言区"处理了。

徽州人觉得委屈，咱这方言有历史有文化有个性有来历，又不是石头里蹦出来的，怎么就是"未明"了？既然不属于其他方言区域，那就单独作为一种区域方言啊。大家等啊等，一直等到了1987年，语言学家们终于在《中国语言地图集》中把徽州地区的语言单独列出，命名为"徽州方言"。

名字是有了，它的复杂性和多样性也名扬四海了，大家一说方言难学、方言难懂，就不由得想到徽州方言，偶尔做个"中国最难方言"排行榜，前

10 名里也必然有徽州话。

对此，徽州人颇觉无辜：咱这方言是挺复杂，县县乡乡都不同，但毕竟属于同一体系，仔细找找，彼此之间还是有相同点的嘛。

比如，相同的词汇。

在徽州的几个区域里，大家都爱用"到夜"来表示"晚上"。太阳落山，天又没有全黑就是"挨夜边"；到吃晚饭的时间了，就是"吃夜饭"；吃完晚饭，还得加班，那就是"打夜做"；好不容易加完班，饿了，吃点夜宵吧，嘿，吆喝一声："吃半夜餐咯。"

除了晚上的说法基本一致，大家对生活中很多的词都保持着统一，且颇为雅致。

普通话的"天"在他们那儿就是"朝"，"昨天"叫作"昨朝"，"今天"叫作"今朝"。乍一听，很容易就想起唐代罗隐的诗《自遣》："今朝有酒今朝醉，明日愁来明日愁。"

"今朝有酒今朝醉"

下雨，多普通的事情啊，但是徽州人却很讲究，非要把"下雨"说成"落雨"，好似这雨是飘着飞着下来的，就连食物"茄子"都有个好听极了的说法"落苏"。不知道情况的人，还以为是什么清丽花朵呢。

除了与众不同的雅致外，徽州各地方言的语法也有几个有意思的共同特征：喜欢不按常理说话。

例如，在说一个重复动作时，他们会把动词作为补语，在句尾加上"添"。吃完一碗饭，想再加一碗，徽州人会说"再吃一碗添"；想让对方多说一句话，就是"说一下添"；唱歌唱得不尽兴，还想多唱一首，那就是"唱个歌添"。

而且，不止动词，就连补语"不过"也被徽州人放在了句子尾巴上，"我打不过他"变成了"我打他不过"，"你说不过他"演化成"你说他不过"。

独特的方式，还挺洋气。

徽州方言就像大杂烩，各地的语言你中有我、我中有你，既不能完全混为一谈，又不能完全隔开。我们只能走进去，试着掀开一角，看看这曾经被隔开的语言世界里，有着怎样的不同。

说话"萌萌哒"

歙县的历史悠久，自南宋以后，这里文风昌盛，人文荟萃，现在它和云南丽江、四川阆中、山西平遥并称为"中国保存最为完好的四大古城"。

那么，既然是位"文化大家"，说话方式想来肯定不马虎，必是一板一眼，稳重得很。然而，现实和想象是有差别的——歙县这位"老大"爱用叠字，话一出口，颇像现在的小萝莉卖萌："小小猫好可爱！这颗糖糖真好吃。"立刻变得"萌萌哒"。

可想而知，这叠字的威力。当然，住在歙县的先人们虽然是这么个"说"法，但是在那个年代，先人们忙着吃饭、学习、天天向上，哪会想到去卖萌，只是觉得叠字不仅能强调说话者的情绪，而且还能增强词义的鲜明性和生动性。

你听，歙县人给那些小动物小昆虫取的名字："壁壁虎，金金鱼（金鱼），咕咕鸟（斑鸠），蛇连连（蜥蜴），苍蝇蜓蜓（蜻蜓）……"不仅前面的字重复，后面的字也重复，是不是意外地让人印象深刻？最起码，金金鱼和苍蝇蜓蜓就够我们回味的了。

大约是这种叠字法用得极为顺口，歙县人干脆把叠字用到生活的各个角落，时间、方位、名称等等，无一不涉及这叠字的搭配。

一位母亲做了一桌好菜，从外面回来的孩子嘴馋极了，直接扑到饭桌上。

母亲立刻拉开他："宝宝贝，手洗洗干净再吃饭。"

这话说得着实让人喜欢，又是宝宝贝又是手洗洗，即使外地人不懂母亲在说什么，光从这调调里就能感受到一种疼爱，如果我们把它换成普通话，那就显得平淡多了："宝宝，要洗好手才能吃饭。"

歙县人懂得在什么情况下运用叠字，达到什么样的效果。而这样的效果，遇到形容词，则会产生强烈的"化学反应"，不仅能强化词义，还能加重说话者要表达的情感。因此，歙县话里形容词的重叠方式特别多。

例如，形容光线很亮的"雪雪亮"，和形容非常黑的"漆漆乌"。这里能看到歙县人的细心了，不单单是客观地反映原状，还会按照情况来进行分类，细细地描述一番，生怕别人理解得不够透彻。

又比如，歙县人对着湿透的衣服叹气："水漉漉唉衣裳着不得。"或者是夸赞清澈的河水："河水碧碧清。"原本平淡无味的词，这么一"叠"起来，简直可爱得不得了。就算哪位可爱的居民笑着说："那个人吃哩滚滚壮。"估计对方也不会生气的。

如此看来，歙县话真是卖得一手好萌。

歙县古村落

45

快来比一比

大抵是因为地处山区，和周围地区都不太接触，绩溪话形成自己独特的风格。不说其他的，绩溪人对词缀的运用已经极具个性（词缀是指不能单独构成词放在句子里，需要黏附在词根上构成新词的语素）。

看过武侠片的人都知道，一般高手过招，讲究无招胜有招：花哨烦琐的动作始终不如简单直接来得快意。

绩溪人对词缀的运用，大抵如此：如果想表达一个意思，即使同一个字，换个位置就能产生不同的效果。

说一说最常见的"子"。在普通话里，"子"一般放在名词后面，作为后缀。如"儿子""筷子""房子"等等。在绩溪话里，却还可以用"子"来表示方位。

绩溪古村落

普通话里的"在家里",绩溪话就是"在家子";"掉水里"绩溪话是"掉水子";就连"学校里",绩溪人也说成"学堂子"。

光这样还不算,绩溪人的"子"还能让动词变成名词,如在动词"讨饭"后面加上"子"变成了"讨饭子",指的就是普通话里的"乞丐";在"挂花"后面加上"子",变成"挂花子",指的就是普通话里的"叫花子"。

瞧瞧,多省事。

除此之外,绩溪话在表达"程度"上也有独特的一面。当绩溪人想说明一件事情相较于之前更好或者更坏时,他们有着自己的表达方式。

第一种方式就是在重叠的形容词中间加入一个副词"顶"。比如,形容一块砖很厚很厚,绩溪人就说"老厚顶老厚";形容一件事非常重要,绩溪话就说"要紧顶要紧"。

第二种方式就自由多了,可以在不重叠的形容词中加上一个你要表达的字。例如,绩溪人要形容什么东西很白时会说"雪答白";形容很红时,绩溪人就说"鲜赤红";形容很香时,绩溪人又改变了说法"喷丁香"。

很有点随心所欲的感觉。

第三种方式就更有意思了,颇像英语里的"比较级"和"最高级"。在说出一个形容词后,要想说出比它程度更深的词,只需要在那个形容词中间加上一个字,这个字没有实际意义,一般用"当、呜、叮、吱"之类的字。如果想继续表示更深程度,那就在新加的字的后面再加上一个字,这个字仍然没有实际意思。

说起来略微复杂,举个例子好了。先说一个字:"软",比软更软一点是"毛软",再软一点的是"毛呜软",最后就是"毛呜溜软"。

如此排列的还有:"绿"—"碧绿"—"碧当绿"—"碧当溜绿";"壮"—"滚壮"—"滚叮壮"—"滚叮溜壮"

不得不说,用这样的方式依次加强效果,不仅使事物更形象,也比普通话的形容方式来得更加灵活。

我的世界我做主

说起这休宁话,最有意思的就属它的词汇特点。

第一个特点就是"你有我不要"。

例如,普通话和很多方言中,后缀带"子"的名词比比皆是,但休宁话却不流行这样。"凿子、锯子、刷子"这样的词,休宁话里统统只说"凿、锯、刷"。一些称谓词如"爸爸、妈妈、姑姑、姐姐",休宁话仍然只要一个字"爸、妈、娘、姐";还有一些双音节合成词,例如"锤头、窟窿、泥土、面孔",休宁人念起来觉得麻烦,干脆都省略成单字"锤、洞、泥、面"。

第二个特点是"你有我还多"。

休宁人用的单音节词比普通话多,外地人听了有些不习惯,有的人会忍不住抱怨:为啥不能把后面的字念出来呢? 好吧,休宁人直接改成三个字、四个字地往外蹦。

眼睛不叫"眼睛",叫"眼睛珠";牙龈改叫"牙床肉";小孩"害怕"去医院,叫"怯吓羞";家里来客人,主人打开一坛"米酒",叫"封缸酒";母亲挂念远方的孩子,这"挂念"就是"虑着尔仇";看到夜空中有朦胧的"月晕",休宁人便念叨着"月亮生毛"。

虽然描述得不太美,倒也算贴切。

休宁古村落

除了用词与众不同，休宁话也像普通话的儿化韵一样，在字后面加"儿"字，只不过要读作"n"，"n"音紧跟着前一个音节的后面，构成带有 n 尾的儿化词。这时，加了"儿"和不加"儿"，所表达的意思就完全不同了。像"辩"这个字，原意是辩论，当变成了"辩儿"时，却成了狡辩的意思。

此外，休宁人对动物的称呼也奇特得很。在那里，"蛇"叫"溜公子"；"麻雀"叫"麻劳"；"蜻蜓"叫"家高"；就连"老鼠"都有一个了不得的名字——"老伯"，简直把老鼠当作人了呢。

不得不说，在休宁这个地方，无论是人还是语言都是很有个性的啊。

你猜你猜你猜猜猜

不似前面几个县，黟县方言在某种程度上有些"随心所欲"。

首先表现在发音上，这个说起来颇有意思。在普通话中，如果我们想向别人描绘一件事物的大小、高低、深浅，我们有很多形容词可以说明。但是一到黟县方言里，那些形容词都被嫌弃了。那怎么表现呢？

黟县人耸耸肩："用音调喽。"像山、屋、碗、凳之类的物体，黟县人只需要在发音时微微调整，对方便能从发音的变化中判断出它的体积、容积。只是这如何发音，变的又是怎样的音，只有黟县人自己知道，文字无法描述，连拼音都没法注解。

遇到这样"只可意会不可言传"的情况，外地人只能靠猜了。

"随心所欲"的地方不止发音变化，还包括动物的名字。一般来说，我们给动物取名字，为的是方便分类，例如，鸟类里"黄鹂、麻雀、喜鹊"，家禽家畜里的"猪、羊、鸡、牛"，大多都简单明了。

黟县人却非要观察一番才开口定名字。这个名字的标准既不依据外观，也不依照自己的喜恶，而是通过动物所发出的声音来确定。蝉叫成"嗯蜘"，纺织娘叫成"蜡箭"，布谷鸟叫作"快快发科"……一说出来，便能使人立刻会意。

只不过外地人听了，难免又是一通猜测。

猜得太多，外地人忍不住犯嘀咕：黟县就没有可以音译成普通话的方言吗？嘿，这又得分情况了，一种是音译后字面上能看出方言意思的，如"郎瓜"就是"南瓜","蚊虫"就是"蚊子";一种就是音译后越看越糊涂的,如把"挨骂"说成"驮段";把"撒娇"说成"为奇";把"正中下怀"说成"倒板一十六"。

好嘛,又要猜了。

就爱多姿又多彩

语言这事,说它简单吧,上下嘴皮一搭,想怎么说就怎么说。说它难吧,从简单的表述到深层的表达,可以写一部语言进化史。幸好人类挺喜欢惹麻烦,"说话"难,那就让它难上加难好了。

不知道祁门人是不是也这样想,所以才会在"程度形容词"这块地上努力"耕耘",种出"偏正式""附加式"等多变的表现形式。

黟县古村落

　　"偏正式"其实一点也不偏，它的构造有两种："一个名词+单音节形容词"和"一个程度副词+单音节形容词"。

　　"那睛圆的眼睛子看得吓人（那圆圆的眼睛让人看着害怕）。"这句祁门话里，"睛圆"属于第一种偏正式形容词，意思是：像眼睛一样圆。

　　"佢很稀壮"就是第二种方式，意思是"他很壮"。

　　这就奇怪了，"睛圆"和"圆"，"稀壮"和"壮"在句子里的位置和用处是一样的，干吗还要增加字呢？大概是因为祁门人希望通过这样简单的搭配，让话说起来更加活泼一点吧。

　　第二类便是附加式。它也分为两种，一种是"单音节形容词+cc（无实义，相同的词）"组合在一起更能增强形容词的程度。比如"兜徐徐（有点傻）"和"老巴巴（过老，过硬）"。

　　还有一种是"形容词+人家"。一般祁门人会用这样的句式表达感觉。例如，天气很冷，祁门人会说："尔身上冷不冷人家？"意思是：你身上冷不冷啊？

祁门古村落

如果饿了，也可以用这样的形式表达："肚里有点饿人家。"虽然"人家"在其中没有任何实质意义，但是它的添入，无疑让人感觉更舒服一点。

除了以上两种方式，形容词的表达还有重叠式、后补式等等，也正是这些丰富多彩的表达方式，使得祁门方言在人们口中，既感情饱满又情意十足。

古味的保留

原属古徽州的婺源是一个很美的地方，被誉为"中国最美的乡村"之一。美丽的地方总有其独特的韵味，婺源的美不仅美在风景，也美在其古朴的文化，甚至那里的语言，都被渲染上一种别致。

——就是儒雅。

婺源古村落

　　婺源话真是复古得很，在词语的运用上惊人地保留了千年前的语言痕迹。比如，文言文里常出现的"之"，和古人一样，婺源人把它放在句末作语气助词，"吃了"就是"吃之"，"没了"就是"没之"，"走了"就是"走之"，"去世"就是"故之"。若是放在一句话里，那就更有味道了。普通话里的"他家门锁着，窗户也关着"，经过婺源话转变，便成了"佢家门锁之，栏窗也关之"。

　　难怪有人感叹，用婺源话读的古诗别有一番风味。

　　曾经有人说，如果一种文化与世隔绝，要么它进步飞快，要么它被时间封存。徽州这"一府六县"大抵如此，当山外的时间飞快流逝，一去不复返时，它们正不急不躁地保存着时代的记忆。而当人们发现往前走得太远，失去太多"过去"时，它们又安然走来，给我们展现积攒下来的文化和历史。

　　大家现在还能守得一方闻一语，真是幸运。

三、字正才能腔圆
——安庆方言与歌唱

（一） 浓缩就是精华

自从演员潘长江在一次春晚小品中说："浓缩就是精华。"人们就爱上了这个小个子，也爱上了这句台词。人们爱用它来自嘲或者解嘲：作文写不长，没事，浓缩就是精华；个子不高，没事，浓缩就是精华；买的东西分量太小，还是没事，浓缩就是精华……甚至于各种"心灵鸡汤"，也把这句话引来做"汤料"。

它宛如一夜春风，吹得祖国大地春意融融。

这里面的原因，大约是人们知道，虽然每个人都希望万事能像溪水一样一路通坦，却还是会在不经意间遇到各种问题。要么是斜插进来的河道改变方向，要么是入了纷杂的细流乱了水系……到最后，小溪变成了浑浊的河。

只有学会从纷杂中抽丝剥茧，把不需要的摘除，把需要的糅合在一起，最后形成的大致就是精华了。

安庆，这座古老的文化城市，也历经了这样的过程，它的黄梅戏，它的桐城派文化，它的天柱山景……无一不是经过岁月沉淀后的骄傲。

然而，很多人忽视了安庆的另一个骄傲，它的语言。作为当地方言，安

安　庆

庆话的形成可谓不易。它既依靠了他方语言，又造就了他方语言。

为何说它依靠了他方语言？这话说起来就长了。

首先，从地形上看，安庆所处的地方真的很不错，不偏不倚处在了长江的一个点上。

可不要小看这个点。假如说长江是一条龙，龙的嘴、眼、喉、胸、腹分别对应着上海、南京、安庆、武汉、重庆，那么安庆所对的点，正好就在咽喉上。这意味着，以安庆为界，顺流而下就能到达经济发达的南京、上海，逆流而上又能到达武汉、重庆。在流行水路的古代，此处大有"咽喉之地"的气势。

再翻开文化地图，早在春秋末期，南方就有两支重要的诸侯力量：楚和吴。楚国包括现湖北、安徽西南等地，吴国包括现苏南、上海、浙北等地，在长期的发展中，吴楚形成了两大区域文化，即吴越文化和荆楚文化。而安庆，又幸运地处在了两大文化圈的交叉地带，兼有两种文化的特色。从荆楚文化区到吴越文化区，安庆可算作吴越文化的第一站，反之亦然。因此，安庆地区在历史上有"楚头吴尾"之称。

那么，这些和安庆话有什么样的关系呢？这自然要说到军事了。古人生猛，爱争地盘，他们需要找个合适的地方做堡垒，那么无论是从地势还是从文化角度，安庆无疑是最好的选择。因此，历史上的安庆成了兵家必争之地。

既然有兵争，那就有战乱，有战乱就产生了流民。虽然南宋时，安庆府这座城寄托着人们"平安吉庆"的希望，但是愿望是美好的，现实却是残酷的。

安庆从南宋以后，就从未太平过。

首先是朱元璋与陈友谅的掠地攻城之战，再就是史可法与张献忠昏天暗地的生死较量……一幕幕战祸，使安庆府的人口剧减。

不过，安庆打仗，其他地方也在打仗，但是安庆府胜在地理位置和环境都还不错，相对于其他战乱地区，更加适宜居住。于是安庆府毫无意外地成了其他地方居民的移居目的地。

仅大范围的移居，历史上就有两次。第一次是在元末明初，迁入安庆府的江西饶州、九江等府籍移民约为27万，徽州府籍移民约为两万，从全国其他地区迁入的移民约两万。

第二次发生在太平天国时期，这一时期安庆的人口剧减，战死的战死，搬走的搬走。那时候人力还是很重要的，特别是在一个军事重地，没有劳动

人口迁徙

力，别说是打仗了，就连日子都过不下去，因此人口不断减少的安庆在军事上愈加艰难。万幸的是，那时安庆对外地人来说还是值得入住的地方，江浙、湖广、江西、福建、淮北等地百姓仍然坚定不移地迁入安庆。

他们的入住，也带来了他们各自的家乡话，除了广东广西人的粤方言，还有徽州方言、吴越方言、赣方言、闽方言、湘方言、川方言、北方方言……这些语言在安庆生根发芽，慢慢融合，最终形成自己独特的优美方言，就是现在的安庆方言。

估计在现代中国再也找不出一种方言像安庆方言那样"采他山之玉，纳百家之长"了吧！

那为何又说它造就了他方方言？这得先说一个故事。

在陕西省的南部地区流行的一种方言，当地人称为"商南方言"。在"商南方言"中，"瓜固儿"是"河蚌"，"夹肢窝"意思指"腋窝"，"开踢坡"意思指"膝盖"，"讲奶奶"指"谈对象"。方言里有这些本不稀奇，稀奇的是这些方言竟然和安庆方言是一样的。

从地理位置上讲，这很不可思议。因为陕西和安庆相距千里。在隔河就隔语的安庆，怎么会出现千里之外的"双胞胎"方言？

这得从乾隆时期说起了。那时，安庆掀起了一次大规模的移民浪潮，只不过不是从外往里迁，而是从里往外跑。

清朝初期，政府推行按户按丁纳税的税收政策，地方人口决定了地方政府的税收数量。这就出现一个问题，由于灾祸连连，很多地方的人都跑到稍微富裕或者安全的地方去了。而像陕西地区，由于明末时属于重要交战区，早就没人了。一段时间里，陕西南部形成了地方上"有官可置，无民可治"的现象，地方政府税收寥寥无几。

再这样下去，陕西的税收岂不是要一片空白了？为此，政府想了一个办法，向陕西南部山区实施强制性移民，把其他地区的人迁入这些"无人区"，并且允诺一定的优惠政策。这对到处流浪、无所归依的百姓来说，无疑是一件大好事。而由于安庆在清朝历史上大部分时间是安徽省的省会城市，人口众多，再加上当时安庆民不聊生，正处于天灾人祸之时，听到这样的消息，愿意去的人自然也多。

因此，这次迁移人数是巨大的。《商南县志》记载："乾隆二十年后，江南安庆数县人襁负迁商、爰得我所，闻风兴起，接踵者日众，此商南有'小太湖'之名也。"这说明迁入商南的安庆人在当时人口中已占大多数。

这一去也就改变了商南的居民格局，直接影响到当地的语言，以至于现在商南人所说的方言就是"安庆方言"，出现了和安庆当地方言遥相呼应的情形。

安庆人是成功的，他们知道怎样融合一种方言，怎样成就一种方言。如果仅仅靠着不同方言的冲撞显然不够，那只是大杂烩，只有不断地探索，不断地融合，经过无数次艰难地尝试和打磨，最后剩下的才是语言珍宝，才是精华。

不需多，一点就够。

（二） 说比唱好听

有没有一个地方，方言和歌曲互相辅助？

有没有一首歌曲，必须是用方言来表达？

有没有一种方言，说得比唱得还要好听？

有，那就是安庆方言。

和其他方言不同，安庆方言有着自己独特的风格。它一方面不断融合，放弃一些地道的方言说法，加入普通话元素；另一方面，它借着地理优势（处在安徽、湖北、江西三省交界处，处于几大方言区边缘）融入了赣语、江淮官话和吴语等特征。

它就像做化学实验，多了几位元素，便出现了与众不同的结果。化学反应过后，安庆方言的最终形态便出来了：不疾不徐、不高不低、灵动活泼、尾音低平、干净利落。

说出来的调，话出来的歌。

与众不同的声和韵

安庆话明明是江淮官话的一员，本来老老实实继承江淮官话的特性就好。可是一转身，无论是面对读音还是字词的意思，它又只顾自己的喜好。

要说它最大的特点，大概就是够味，偶尔说得快了，似乎还带出一股黄梅调儿。这与它的发音有很大的关系。

发音无非三样，声母、韵母和声调，放在五湖四海都是一个模样，可是安庆话偏偏不走寻常路，硬是把这三样拼凑出最桀骜不驯也最循规蹈矩的模式。

多说无益，不如一项一项地列出来。

绕口令大家都喜欢说，以此证明自己的普通话足够标准。但是对于习惯说方言的人，这绕口令就是他们的"死穴"。安庆人不怕绕口令，但是安庆人怕"刘奶奶和牛奶"：

刘奶奶找牛奶奶买榴梿牛奶，牛奶奶给刘奶奶拿榴梿牛奶，刘奶奶说牛奶奶的榴梿牛奶不如柳奶奶的榴梿牛奶，牛奶奶说柳奶奶的榴梿牛奶会流奶，柳奶奶听见了大骂牛奶奶你的榴梿牛奶才会流奶。柳奶奶和牛奶奶泼榴梿牛奶吓坏了刘奶奶。

每当念这段绕口令时，他们真恨不得把自己的舌头卷成球。不为其他，仅仅因为安庆人分不清"l"和"n"，在安庆人心里，这两个音是一样的，可以相互替代。一般情况下，他们都会念成"l"。

这是江淮官话最显著的一个特点，也是安庆方言最明显的特点。

"刘奶奶和牛奶，傻傻分不清楚。"虽然在这两个音素上，安庆人有些犯晕，但是在其他方面，安庆人又格外清醒给力。例如，声母"j、q、x"遇到带"i"的韵母，立刻换了身份，音都变成了"g、k、h"。

有时候安庆人回家，会说一句："我嘎来着。"这里"嘎"指的就是"家"，意思就是"我回家了"。外地人会觉得别扭，没办法，谁让"jiā"到了安庆话里，直接变成"gā"了呢。

除此以外，如果遇到零声母的字，安庆方言就"母性大发"，非要在前面加上鼻音声母"n"。什么是零声母？就是在普通话里没有声母，只有韵母构成的音节，例如：安（ān）、爱（ài）、熬（áo）……安庆人大约是不爱这样没有声母的发音，干脆规定，只要是零声母的字，读时都带上"n"——"安"读成"nān"，"爱"读成"nài"，"熬"读成"náo"。

黄梅戏

声母受到优待，韵母自然不甘落后。倒霉的是，安庆人不仅"n"和"l"不分，前后鼻音尾韵母也不分。遇到这样的字，安庆人都会把后鼻音发成前鼻音。

结果，"刚"变成了"干"，"耕"就是"根"，"平"脱成了"贫"，"帮"等于"般"……如此一来，安庆人噼里啪啦说得痛快，外地人就晕头转向找不到北了。

更特别的是，韵母还赶着时髦，学起了儿化音，这个儿化音可是正宗带着"r"的音，只不过和北京话相比，卷舌的力度并不是很大。

这就有点京剧和黄梅戏的感觉。同是戏剧，京剧来了一个干净利落的侧翻，黄梅戏却轻轻巧巧一扭而过。不过，各有各的精彩，它们不需要如何相似，仅仅是浅层的相近，就已经足够。

但是因为安庆方言的卷舌力度不大，说出来的儿化音也就打了个折扣，

京　剧

有一种调儿在上扬中突然拐下来的感觉。例如，安庆人说："小么儿。"这个
"么"其实是"妹"，说的就是"小妹儿"。安庆人热情，看到年轻姑娘都
"小妹、小妹"地喊，那架势，大致相当于我们看到女孩就喊"美女"。

只不过前者是在"套近乎"，后者说不好就是"要流氓"。

当然，为了表达亲切、喜爱、热情之意，很多安庆人也热衷于给人名字
后面加上"儿化韵"，什么兰儿、平儿、珍儿、强儿、红儿……想怎么喊就怎
么喊，不过假如女孩子都聚在了一起，还是要稍微收敛点，不然这么喊完了，
不知道的人还以为进了《红楼梦》的大观园呢。

你看，安庆话就是这样，既乖乖地向普通话靠拢，又乖张地特立独行。
它的声母和韵母各自忙碌着，虽然最后发出的音和普通话差距甚大，但是这
也成了安庆话区别于其他地区方言的特点之一。

藏来躲去的音

就像键盘上的黑白键，要弹奏一首曲子，单靠白键或者黑键都是不行的，安庆话节奏欢快，这里面哪些音要"按"，哪些音要"松"，哪些音碰撞到一起产生"混合"，哪些音相遇又"默默无声"，可都是有讲究的。

"e"就是个爱操心的韵母。在安庆语音里，如果遇到"a、ai、ao、an、ang"，前面没有声母帮助它们单独成字的时候，"e"就有些坐不住了，颠儿颠地跑来，把自己变成声母带起了头。神奇的是，它们所组合的字，只要用不同的声调就能表达不同的意思。

咱们就说"e"遇到"a"的情况吧（1、2、3、4分别对应阴平、阳平、上声、去声）。阴平调的"ea"在安庆方言里可以表示好几种意思。第一种意思是"塞"，安庆话里不念"sāi"而念"ea1"，例如，"把这本书'ea1'进去"。

第二种意思是"压"。它同样念作"ea1"，只不过在表达上稍微不同，如，"用石头把它'ea1'扎"。

就像阴平、阳平、上声、去声各不相同一样，除了阴平调，其他音调的"ea"又有着不同的意思："ea2"代表着小孩；"ea3"意思是倔强，如果安庆人说"你简直太'ea3'了"，意思就是"你简直太不讲理，太倔强了"；"ea4"呢，则比较复杂，除了代表"用物挡住留出缝隙"，还有"反复推拉"的意思。如，把窗子"ea4"个缝，不要把门"ea4"来"ea4"去。

同样的，在"e"遇到"an"时，又是一番多意义的"变声"。就说这个"ean1"，可以同时表示"安、谙、鞍、淹"。例如"大雨把路给淹了"，这里的"淹"（yān）就要说成"ean1"。

"ean3"呢，又出现两种意思：一种指"眼"；一种得和"问"字搭配，意思是"指望着"。

"你自己想办法，不要'ean3'我。"意思就是说："你自己想办法，不要指望我。"

"ean4"的脾气倒没"ean3"坏，只不过是个急性子，用上它就说明时间不早了，要迟到了。所以，假如你和安庆人走在路上，他说："快点快点，要

'ean4'了。"你可别傻乎乎地站在那儿琢磨"ean4"是啥，赶紧动起脚加快速度，人家都已经在催你了："快点，要迟到了。"

韵母"e"尽心尽力，"o"却调皮得很，在安庆方言中，只要声母"d、t、n、l、z、c、s"和韵母"u"组合在一起，它就会钻到中间，硬是把韵母"u"变成了"ou"。

所以，普通话里的"度、读、毒"明明念作"dù、dú、dú"，在安庆话里都变成了"dòu、dóu、dóu"。想说"图片"吧，到嘴边却成了"头片（tóu piàn）"，更不用说把"兔子"说成了"tòu zī"，"马路"说成"马漏（mǎ lòu）"，"苏州"说成"搜州（sōu zhōu）"。

不知道的人还以为安庆话是外语呢。

可是，等好不容易赶走了"o"，回头一看"u"也失踪了。

原来，《汉语拼音方案》中规定"uei"写作"ui"，"uen"写作"un"。原因是中间的那个字母不发音，读出来大部分人感觉是无差别的，为了省去不必要的麻烦，干脆本着从简原则直接省略了。

但是这样"u"不乐意了，干脆直接罢工！

于是，在安庆话里，当"uei"和"uen"和"d、t、n、l、z、c、s"这几个声母在一起时，"u"就偷偷地溜走了，结果"uei"变成了"ei"，"uen"变成了"en"。

这时便会产生两种情况："堆、腿、嘴"等字都读成"dēi、tēi、zěi"，而"顿、吞、论"这样的字眼又会念成"dèn、tèn、lèn"。

所有的调都变了，外地人听了，心里忍不住感叹：这话儿说得既灵动又平缓，情绪也缓慢，简直就像是低吟嘛。

大大小小词义多

前段时间，一个美国小伙子突发奇想，在网上售卖暴雪过后自家门口的积雪，本来他只是开玩笑，没想到却引起一阵"购雪热"，很多住在热带地区没见过雪的人超热情地购买这些雪，哪怕快递到家后已经变成了水，收货人也很开心，因为这是雪水，他们中有人可能一辈子都没见过这样的东西。

美国积雪

这就是地区差异导致的意识差异。你不会指望沙漠里的人理解靠海居住的人对狂风暴雨的惶恐，也不能期待热带地区的居民能对暴风雪有多了解。若我们想引起他们对某件事的共鸣，首先要做的就是因地制宜，从他们最了解的地方开始。

这就像音乐能打动人心，但是前提得是能引起共鸣，而引起共鸣的又一前提就是：你的歌词得让对方有身临其境之感，这个时候亲和力尤为重要。这也是为什么大家都爱说自己家乡的方言，因为它足够熟悉，无论它的形式如何，它所包含的都是家乡的文化。

安庆话中所蕴含的方言文化尤为明显，它在词汇意义上比之普通话，更有突出之意。首先，它"徒有其表"，虽然词和普通话里的相同，意思却大不一样。

外地人夏天来安庆，偶尔会听到当地人嘀咕："天热，背心长痱子了。"外地人就有些不懂了，这背心指的不就是无袖上衣吗，怎么还能长出痱子？

其实，安庆人从来不觉得背心就是衣服，在他们看来，那就是脊背嘛，背心长痱子说的就是后背长了痱子。

"不好过"这个词的意思在安庆也行不通。普通话解释是路不容易通过，但是安庆话里却是指心里难受。例如，一个学生没有考到满意的分数，就会说："心里不好过。"如果因为生病了头晕目眩，也可以用这个词："身体难受，不好过。"

还有普通话里的"出场"，无论是每年的春节晚会，还是婚礼主持现场，这个词用得都很频繁，通常这俩字出来，就意味着节目开始了。可是在安庆话里，"出场"却是指房前屋后很开阔。

瞧这些词，对于外地人来说，太容易混淆了，可什么时候用什么样的意思，还是得看安庆人的心情。

其次，它的词汇"纵横延伸"。

安庆方言就像是一面放大镜，一些词保留了普通话的原义，却也额外增加了不少新含义。

例如"老板"。这个词在普通话里指私营工商业的财产所有者，以前那必须是做大生意的人才被别人称为"老板"。现代社会没那么较真了，只要是做生意的，哪怕只是开了个小卖部，都是"老板"，图个大家乐呵。可是在安庆人心里，"老板"这个词不仅仅用在生意中，还用在生活里。妇女们经常喊自己的丈夫叫"老板"，又或者在家庭中，谁掌管财务，别人就会调侃他（她）是"老板"。

孩子们玩闹，少不了用"嬉笑"来形容，但是在安庆方言里，这个"嬉"不仅是"笑"，还有"喊叫"的意思。如果有人扯着嗓门喊，那他就是"扯着嗓子嬉"。

安庆的大人正在"嬉"小孩

再说一个，普通话里的"该"表示应该，安庆人虽然也这么用，但是还加上一条：欠。当他们想说欠了什么的时候，直接就变成了"该什么什么"。此外，"过"这个字在安庆方言里也多了两层意思：一个是指传染，如，王花花的病过给了弟弟；一个是指牲畜繁衍后代，例如，老母猪刚过小猪。

显然，词意一扩大，其用途就比普通话里广泛得多。当然，安庆话也不是什么词都往里添意思，有一些词汇不仅没增加含义，还缩小了词意，只有普通话里一半的意思。

先来说一说"面"吧。这个词用的地方可多了，面粉、面包、面疙瘩、辣椒面、面条等等，可是在安庆方言里，只有一个意思：面条，直接把范围定得死死的。同样的情况还有"谷"，普通话里它有多种模式，但是在安庆话里就只有"稻谷"的意思。

安庆面条

另外，普通话里提到房子和房间，大家都可以说成"屋"。

例如，A 问："你去哪儿了，在厨房都没见到你?"

B 回答："在我屋里呢。"这意思就是在自己房间里。

可到了安庆，这话就说不通了。在当地人看来，"屋"指的是整栋房子。你说你不在厨房，在屋里，不就等于没说嘛。

但是，千万别因此觉得安庆方言很难懂，当地也有一些夸张地描摹物或人特征的词汇，这样的词汇通常就很通俗易懂。

例如，形容别人吃穿挑剔，安庆人会说"讲斤"；遇到荒诞不可能的事，安庆人撇撇嘴"这是掉了筋的事";形容某个人极瘦,那就是"干猴精";做一件事还没多久嚷着"歇菜",意思就是"不行了"。这样生动形象地说出来,即使再不懂安庆方言的人听到也会会心一笑的。

也许,这就是安庆方言的特征:变来变去的音加上变来变去的字,末了还添上趣味搞笑的词,说出来怎么也平淡不了。

谁说"说"的不会比"唱"的还好听呢?

单词小注解

为便于大家理解,笔者在此列出一些安庆方言词汇,大家纯当看个乐儿,看个休闲。

捉——语气助词,相当于"了"

啊介——语气助词,表示惊讶

窜瞌睡——打盹

作新——时兴

作——自作自受

轧钢——厉害,意思太多了

跳——在旺火上略炒

翻膘——翻身

持鱼——剖鱼

吵嘴——吵架

唆——吮吸

困觉——睡觉

打平伙——分摊

搭倒了——跌倒了

渣——张开

兼菜——用筷子夹菜

巧——便宜

七掉多地——划不来

谬感头鸟哦——不要再提了

摸——磨蹭

磨早上的四——什么时候的事

渣饭——水煮饭

这里还有一个场景，一个安庆女人看到下雨时说：

"啊介，落雨捉卖！赶早收衣服哦，楼上滴啊，楼上滴诶……落雨捉哦，收衣服哦！掉捉卖，楼上人不在嘎诶，他嘎被子哈在外头诶，下这么大雨，还不嘎来，掉儿筋地事。"

话里的意思，你听明白了吗？

（三）词儿与话儿

一方水土养一方人，一方人有一方话，一方话生一方戏，一方戏唱一方人。

都说人生如戏，戏如人生。戏曲和人，就像种子与土壤，只有土壤给予足够的养分，种子才能盛开花朵。同样的，土壤不同，花开有异。地方与地方不同，戏曲与戏曲便不同。

一地方言，一处佳戏，就像安庆与北京，就像黄梅戏与京剧。

安庆的黄梅戏，安徽人都知道。某人去安庆一趟，回来炫耀，便会有人问："有没有听到黄梅戏？"

若是回答没有，估计会引来一阵叹息，颇觉遗憾：怎么就不去听听呢。甚至有人会问：那你去那里干吗？

要是遇到生活在安庆的人，大家便兴致高昂起来："你肯定会唱戏了，来一段黄梅戏听听？"

好似这黄梅戏像空气一般，去过安庆的，住在安庆的，都应该闻到了它，即使唱不出精髓，也至少能哼个调调。若是这些都不会，才叫人奇怪呢。

在大家的心里，再也没有一个地方，比安庆更适合听黄梅戏、唱黄梅戏的了。所以，去了安庆，若是不听上一段，那得是多大的遗憾啊！

也有人会奇怪，为什么要如此执着于安庆呢？黄梅戏如今已广泛传播开来，那么多人学，那么多人唱，为何非安庆不可。

因为黄梅戏的独特之处就是用安庆话来作为舞台方言，安庆方言是黄梅戏的灵魂。

黄梅戏可分为古装戏、现代戏、生活传统小戏，三者都用安庆话，但是稍有不同。

古装黄梅戏用的是舞台方言和对白，有韵味，夹杂着一些类似京剧的韵白；生活传统小戏用的都是地道的舞台方言，称为"小白"，没有去刻意改变语言的韵味；而现代戏的对白就时尚一些，在舞台方言中夹杂着普通话，或近似普通话的方言。

有人会疑惑，一般方言里有很多无根可循的词，说起来让别人理解都困难，何况还要有韵味地唱出来？安庆人是如何把生活里的方言运用到戏剧中的呢？

安庆黄梅戏演出剧照

不如让我们走进安庆方言的世界，看看它的句式和词汇都是如何运用的吧。

构造最佳法

大约是受到安庆方言的影响，黄梅戏的语法句式皆不同于其他戏曲，主要表现在一些句式和词汇的用法上。

在黄梅戏中，要属《夫妻观灯》的念白最具有方言特点，咱们就取《夫妻观灯》开头的一段为例：

（王小六）我家住在大桥头，起名叫作王小六，去年看灯我先走，今年看灯又是我带头。不觉来在自家门口，叫声老婆开门喽。

（王妻）正哪月十啊五，闹哇元宵呀呀子哟，火炮哇连天门哪前绕，喂却喂却依喂却喂却冤哪家舍呀嗬嘿，郎啊锣鼓儿闹嘈嘈哇。花开花谢什么花黄？

（王小六）兰花儿黄。

（王妻）么花香？

（王小六）百花香。

（王妻）兰花兰黄百花香相思调儿调思相，我自打自唱自帮腔。咦嗬郎当呀嗬郎当瓜子梅花响叮当。

在这段里，王小六回家喊门，王妻在屋里问丈夫什么花变黄，什么花香，王小六都一一作答。

但是，有心人稍微留意就会发现，普通话里提问时，会用"什么""吗""呢""呀"这样的词来表达。而王妻问丈夫什么花香的时候，只用了一个字"么"。

这就是标准的安庆方言里的疑问句式。

当安庆人表示疑问时，他们就会习惯用"么"或者"可（kuō）"。两者分别起到疑问副词和疑问代词的作用。

"有什么事？"就是"有么事？"或者是"可有事？"

所以王妻才会问"么花香？"而在后面的选段里，王妻又用了两次——王小六想和王妻"见个礼"，王妻问起来"夫妻俩还见个么礼啥？"这是第一次用"么"。后来，当她知道王小六从外面回来，就问他："街上有么事好玩的?"这是第二次用"么"。

可是，光用疑问句显然是不够表达感情的。好在安庆方言里最不缺的就是表达感情的句式。

例如，用"把"组成的"把字句"。这样的句式有好几种用法。

一种是类似于普通话里的被动句。

安庆人不怎么爱说"被"，遇到要用"被"的时候，就拉"把"过来。比如说"我的车子被他修好了"，到了安庆方言里就是"我的车子把他修好了"。

"好不容易干着还把水淋湿着"，意思就是"好不容易干了又被水淋湿了"。

还有一种是表示"给"的意思。例如"我把他一笔钱"就是说"我给了他一笔钱"。

最后一种用法是表示普通话所没有的意义和用法。

如"她已经把人家了"，这话意思就是"她已经嫁人了"。而另一句"你把我帮个忙"等于说"你帮我个忙"。

虽然乍听起来有些搞笑，但是这样的用法放到黄梅戏里，却又别有一番风味。例如《天仙配》里七仙女和董永的对话。

（七仙女）树上的鸟儿成双对，

（董永）绿水青山带笑颜，

（七仙女）从今不再受那奴役苦，

（董永）夫妻双双把家还。

读起来、唱起来都顺溜得很，如果换了这个"把"字，那味道就变淡了不少。

助力好帮手

不过，一句话里光有句式是不够的，还得有足够的词和足以支撑人物感情的语句。特别是在氛围活跃的黄梅戏中，对一句话的表述及语气都有着严格要求。这时合理运用在句末表示肯定、强调或者感叹的助词就显得尤为重要。

在《夫妻观灯》里，王小六和妻子准备去看花灯的这一段，就有着助词的"帮助"。

（王妻）当家的哥，你等候我，梳个头来洗个脸，梳头洗脸看哪看花灯。

（王小六）叫老婆你别啰唆，梳什么头来洗什么脸，换一件衣服就啊就算着。

（王妻）适才打开梳妆盒，乌木梳子头上落，红花绿花戴两朵，杭州水粉脸上抹，红布褂印紫边，绣花鞋白叶板，走三走压三压，见了当家的把礼下。

（王妻）手带当家的出家门。

（王小六）随手带关两扇门。

（王小六）上屋的人下屋的人，我夫妻二人去看灯，有劳你们照应门，看灯回来再啊再感情。

黄梅戏《夫妻观灯》

这一段里，有两点涉及方言特色。一个是掺入浓厚的生活气息的词汇，一个是使用了助词。

如上文，在王妻关上门的时候，王小六开口让"上屋的人下屋的人"帮忙照应门。不知道大家听到这里会不会觉得奇怪：这王小六又不是住在楼上，还分上屋和下屋，其实这里指的就是"左右邻居"。

还有"看灯回来再啊再感情"，这句话乍一看恐怕不好理解。明明"感谢"是动词，怎么"再感情"呢？

安庆人倒觉得没什么，平时生活中，他们也会用"感情"代替"感谢"。里面多了个"情"字，显得颇有人情味，可比单说"感谢"来得诚恳得多。而且一放到戏文里，立刻就妙趣横生，怎么都好听。

又说王小六看到妻子要梳妆一下再看花灯，不耐烦地说："换一件衣服就啊就算着。"这话一出，安庆人都不由自主地微笑起来，一是笑这话不落伍，放到现在都通用，女人们即使出去打个酱油，都得梳妆一番；二便是笑这话说得真接地气，尤其是那一个"着"字结尾，不就是自己平常说的嘛。

安庆人爱说"着"，虽然它和普通话里的"了"是一个意思，但是安庆话里把它放在什么位置，怎么个用法都会有不同效果。你看，把"着"放在动词或者动宾组合的后面，就是表示这个动作完成了。例如，不小心滑了一跤，他们就说："地哈滑，痴搭倒着。"普通话翻译过来就是："地滑，摔倒了。"

把"着"放在形容词后面，表示已经发生的事情，或者是某些变化已经完成，又出现了新状况。例如，"伢子大着，这下就好着"。意思是："孩子长大了，这下就好了。"这里面有两个"着"，前一个表示已经发生的：孩子长大；后一个表示相对之前又出现新情况：相较于没长大，现在变好了。

最后，"着"还有一个用法，就是紧接在动词后面，表示动作继续存在。例如，"门开着，你不要瞎跑，就坐着"。

同样这里面有两个"着"，前一个是描述门一直开着的状态，后一个则表示人一直坐着的状态。

这样来回变换着用，不仅使得人们讲话简洁了不少，还使得黄梅戏语言变化多多，唱得讲得更加生动有趣了。

叹词有功效

黄梅戏中的助词作用大，叹词也少不了厉害之处。在安庆方言里，叹词结构复杂，灵活多变，可以很好地表示人物惊讶、赞美、埋怨、叹息等感情，使得黄梅戏更加传神。

其中，有和普通话一致的叹词，如"啊、唉、哦"等；也有它独有的叹词，如"嗟、哎、哎耶、啊西、呵嗨、呵嘿"等。

这些归纳起来，又分为单音节叹词和复音节叹词。

（1）先说单音节叹词"嗟"吧。不知道大家会不会回想起《礼记·檀弓下》曾记载的"嗟！来食"？

显然这是一个古字，在普通话口语中不仅很少见，就连书面语里也难觅它的踪影，但是在安庆，这几乎是男女老少都会说的感叹词。

有时，它用在句首和句中。例如："嗟，你今天怎么搞得这么漂亮！"

有时，它可以单独作为应答，这时"嗟"就表示一种对说话者的肯定，又不愿意明说的状态。例如："你晓不晓得，我可崇拜死你了。""嗟。"

它在口语中的运用如此广泛，自然会被黄梅戏所吸收，而且还产生了非常好的效果。下面仍以《夫妻观灯》为例。这是夫妻俩去观灯时描述的场景：

（合）东也是灯，西也是灯，南也是灯来北也灯，四面八方闹哇闹哄哄啊……

（王妻）长子来看灯。

（王小六）他挤得颈一伸。

（王妻）矮子来看灯。

（王小六）他挤在人网里行。

（王妻）胖子来看灯。

（王小六）他挤得汗淋淋。

（王妻）瘦子来看灯。

（王小六）他挤成一把筋。

（王妻）小孩来看灯。

（王小六）他站也站不稳。

（王妻）老头来看灯。

（合）嗟！走起路来戳呀戳拐棍呀。

夫妻二人去观灯

这段听起来颇有意思，刚开始夫妻两人看到灯，即合唱部分，节奏是欢快的，到了分别描述观灯场景时，节奏一下放得极为缓慢，就连腔调都柔了不少。但是当他们说到最后"嗟"时却猛地提高声调，后面的语速和音乐节奏一下快了起来！

这"嗟"就是叹词，在这里表示惊喜和感叹，同时还引出下文。这一声高调的"嗟"就似一个情感的转折，似乎积蓄已久的快乐瞬间爆发了出来，连带着听众也愉悦了。

（2）复音节叹词呢，一般是由两个或者两个以上的音节构成，如哎呀、哎哟、啊哟等等。这些词不仅在我们生活中时常会用到，在黄梅戏中使用的也特别频繁。

例如，在《女驸马·洞房》选段中，女扮男装的冯素珍无奈娶公主为妻，大婚晚上公主听其似要说惊天秘密，不禁惊叹："哎呀，妈呀！这……"这里一声"哎呀，妈呀"听得人忍俊不禁，不就是我们生活里随处可见的词吗，堂堂公主竟然也如此说。一股亲近之感油然而生。

黄梅戏《女驸马》

此外，黄梅戏中除了使用常见的叹词，还用过一些特别的叹词，例如，"乖乖隆地冬"。在《打猪草》中，金小毛送陶金花一堆笋子的情节中就有用到。

（金小毛）笋子长大了有用，这断了就没有用了。

（陶金花）断了就没有用哪。

（金小毛）嗯，我送给你吧。

（陶金花）好，你看看，我这篮子都搞坏了。

（金小毛）我把你整一整吧。你看，你把旁边许多小笋子也踩断了，我也送给你吧。

（陶金花）也送给我啊！乖乖隆地冬，把许多把我啊。那我就多谢了来。

哎唷，小毛哎，我拿不动。

在这样的情境下，一句"乖乖隆地咚"，立刻把小姑娘天真活泼的机灵样子描绘了出来，听众们也不自觉地跟着她一起笑了。显然，叹词在黄梅戏中有突出人物情感的表达作用，使得人物形象更加立体，更加生活化。

关联着事儿

说了这么多黄梅戏的事儿，咱们也来说说安庆方言和京剧。有人就觉得奇怪了：京剧是标准的京腔，哪里和安庆话挂上了钩？

这还得从京剧的起源说起。

1790 年，清朝乾隆皇帝过大寿。那时徽剧戏班"三庆班"还蛮有名气，皇帝也想听一听，徽班为了祝寿便进京献艺。大约那时候京城还没啥娱乐活动，这样一个热闹的戏班子来了，果然大受欢迎。其他徽班看到，自然也跟着进京谋求发展，最后逐渐形成众多徽班演出兴盛、"四大徽班"各显其能的局面。

徽班进京

后来，清朝嘉庆、道光年间，徽班又逐渐吸纳了其他戏曲的长处，汇合了二黄、西皮等声腔，形成了"皮黄戏"。皮黄戏不仅在京城走红，而且受到上海观众的喜爱。他们热情邀请北京名角们去上海演出，自然而然地，他们便把来自京城的"皮黄戏"称为"京戏"。

简单说起来，京剧是由徽剧经过半个多世纪的艺术提升、演进后形成的戏曲表演形式。

但是，来源于徽剧的京剧，就真的转变得完全不同了吗？有专家对此产生疑问。

比如，谭富英唱的《打渔杀家》中的一段：

昨夜晚吃酒醉和衣而卧，稼场鸡惊醒了梦里南柯。二贤弟在河下相劝于我，他教我把打渔的事一旦丢却。我本当不打渔关门闲坐，怎奈我家贫穷无计奈何。清早起开柴扉乌鸦叫过，飞过来叫过去却是为何。将身儿来至草堂内坐，桂英儿捧茶来为父解渴。

这里面"卧""柯""我""却"等字的发音都是典型的安庆怀岳语音。类似情况还有京剧《卖马》中提到的"无奈何只得来卖它"这里的"何"也不念作"hé"，而是和安庆方言一样，念作"huó"。

《打渔杀家》

而且，即使再不熟悉安庆话的人，都能听出黄梅戏《天仙配》中，七仙女拦住董永唱"大哥休要泪涟涟"时，"大哥"（dà gē）唱为"打锅（dá guó)"，而在京剧里面也是同样的念法。如此一想，安庆方言的影响力还真是不小。

然而，就像时间走了回不来一样，安庆方言的影响力曾经有多大，不代表现在还能有多大。在现代普通话越来越重要的情况下，方言对大家的影响力正在逐渐减弱。如黄梅戏这样的地方戏曲，会随着懂的人愈来愈少而失去自身的吸引力，唯有经过现代化的创新，转换原来的模式，才能使现代人更容易地欣赏那些有趣味的方言和美丽的词曲腔调。

四、人生在世谁非客
——芜湖方言与人口流动

（一）主人与客人

2014 年，一部打拐寻子的电影《亲爱的》上映。和其他催泪影片不同的是，在这部影片里，主角们不再说普通话，尤其是女主人公，从头到尾说的

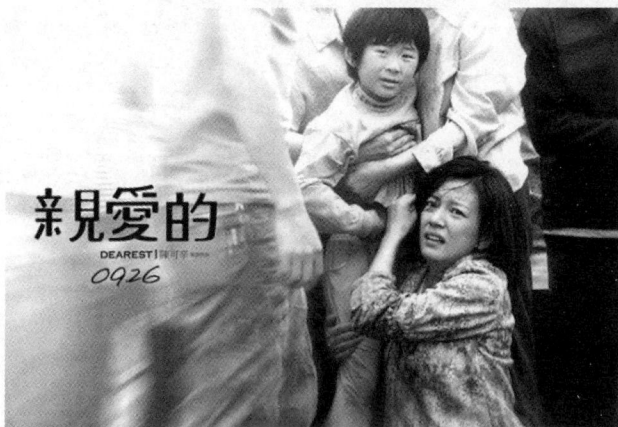

电影《亲爱的》海报

都是土土的地方话。听懂的人知道是安徽芜湖话，听不懂的只能苦苦地盯着字幕看，就像看外语片一样。

导演是聪明的，他知道若想让故事不再是故事，首先要让大家从心底里去认同，单说这台词该如何处理就是个重点。若是让演员说普通话，那影片里展现的就是从未离开过家乡的农村妇女说着一口标准的普通话，真像是给蛇安上了几条腿，突兀得不得了。而几句浓重方言的效果却好得很，无论听懂听不懂，都有着"这就是在我们身边发生的事"的感觉。

这种真实的感觉在安徽人心里尤为明显，不为其他，仅仅是演员赵薇扮演的女主角那一口地道的芜湖话。

其实，说到这芜湖话，安徽人是有些头疼的，因为它实在是太没特色，又太有特色了。它既不像徽州话精彩纷呈，也不像安庆话那样说说唱唱，它仅仅是江淮官话里普通的一员。可是，它又不光只是江淮官话，就在那字里行间，还藏着其他方言的痕迹。

有兴致的人若是走到芜湖南陵县，到它的三里店山区走一走，便会听到徽语在街头巷尾轻柔划过；若是走过南陵弋江镇，沿着青弋江的排湾、东河等地走一遍，又会发现，大家正在慢声细语地说着吴语；从南陵的蒲桥往下，到孤峰河流域的乡村里，又发现这里通行着安庆话；而再往下到了夹漳河两岸，又听到了"你侬我侬"的吴语……芜湖这不大的地域，简直称得上方言的"百话齐放"之地。

寻其原因，大概因为芜湖是一个移民城市。

有容乃大

能接受移民的地方首先肯定要足够大，其次便是要足够好。芜湖的移民历史从很早便开始了，在古时候，皇帝们总是热衷于把北方的人往南方迁移。

从秦朝开始，无数的越人就被皇帝驱赶着迁到汉族地区，一部分人便留在了芜湖。到了西汉，皇帝又开始将大量越国人迁移到长江两岸，芜湖自然也成了"安置点"之一。好在那时候有山有水，还不至于饿死人，移民们拾掇拾掇，渔猎耕作，慢慢地适应并恢复了生产生活秩序，时间久了这些说吴语的迁入户竟然成了当地最早的居民。

此后便一发不可收拾。从三国开始，便有了无数次大规模的移民。其中有五次对芜湖现在的发展有着不可忽视的影响。

第一次便是永嘉南渡，这在历史上是实实在在的大事。西晋末年，由于皇帝大臣们"窝里斗"，西晋王朝逐渐出现裂痕。这时候，北方的匈奴、鲜卑等少数民族便乘虚而入，使得北方社会动荡不安。没办法，人们大规模向长江中下游地区迁移，100 多年里总共迁徙了 700 万人，平均每 8 个北方人就有 1 个南迁，南方 6 个人中就有 1 个是北方移民。其中一些达官显贵路过芜湖，便安置下来，也把那不同于芜湖当地语言的北方话带了过来。

永嘉南渡

第二次规模庞大的迁徙活动发生在大名鼎鼎的"安史之乱"时期。这次大迁徙的原因除了战乱之外，还有繁重的劳役。战争中人口的大量死亡和避难者的南迁使得北方人口剧减，为了继续打仗，官府便加重劳役，造成恶性循环，促使百姓更加迫切地向南逃亡。在 50 多年里，大约有 250 万人到南方，李白曾描述此况："天下衣冠士庶，避地东吴，永嘉南迁，未盛于此。"

这么多人南迁，自然不会这边一簇那边一撮地乱跑，时间久了必然会有一条相对固定的迁移路线，而芜湖就在这条迁移路线的节点上，自然有相当一部分人留在了芜湖。

第三次南迁就是靖康之乱后的事了，随着金兵南下，南宋高宗率先往南跑了，引领着大批中原人士跟着跑，从此一发不可收拾，竟然持续了150年左右。其中迁入芜湖的主要是河北人，他们基本都在芜湖的齐落山一带定居。

和前面三次不同的是，第四次的迁徙活动既不是天灾人祸，也不是百姓自己想的，而是明太祖朱元璋嫌山西人太多，决定往中原地区移点人过去。于是，从洪武到永乐年间，明朝政府九次政策移民，把山西南部的人移到河南、河北等地，其中一批人转迁到安徽芜湖，便傍山临水地生活下来。

第五次移民就发生在清末年间了，这时候因为华北地区人多地少，为了讨一口吃的，成千上万的农民开始"闯关东、走西口"。到了民国，为了鼓励大家开荒，政府将国有荒地都拿了出来给移民开垦，这可乐坏了没地的人。那时的芜湖作为河滩众多的地方，自然也成了移民垦荒的一块"肥肉"。

闯关东

到此便能看清楚，在历史上的五次移民过程中，汉人们不断地汇集到湖藻丛生的芜湖，经过漫长的磨合期，芜湖人已经分不清谁是原住民，谁是外来户了。

但是人口迁徙并没有结束。

在新中国成立初期，芜湖又迎来了一批上海移民。那时，芜湖正处于发展时期，需要有经验的上海企业来芜湖协助当地发展。最后，大约有 1 万名上海人来到芜湖，在芜湖建设工厂，发展当地工业，其中包括来芜湖支援建设的一些上海大中专院校的毕业生。

不要小觑这些人，他们每个人的身后都有一个家族，当他们来到芜湖后，随之而来的就是他们的亲人。以至于到后来，芜湖话里的吴语因素非常明显，走在芜湖大街上，到处都能听到吴侬软语，俨然一幅"小上海"的画面。

不得不说，芜湖的移民史几乎横跨了整个中国历史。身为主人的芜湖土著奉献了自己的资源和土地，远道而来的客人们也给予了别样的礼物，那就是多彩缤纷的文化。

芜湖人玩灯

举个例子，芜湖人过年要包饺子、贴对联，热热闹闹地过"除夕"，等到了大年初一和初二就家家户户地拜贺，一直延续到正月十五。这样的场景看起来很寻常，殊不知，其实这些原本都是中原的风俗，正是因为移民，才被带到了长江中下游地区，带到了芜湖。

芜湖还有玩灯的习俗，在繁昌荻港镇，每年春节都要玩滚龙灯，正月十三试灯，十四起灯，十五正灯，十六圆灯。试灯就是让六条老龙在街上盘旋飞舞，各家各户焚香放炮。接着，花篮灯、故事灯、走马灯、鱼灯等姿态各异的灯都跟着舞起来，一直闹到三更才结束，这样的庆祝活动一直要持续到十六日圆灯。

听起来是不是很熟悉，像不像北方人的舞灯？事实上，芜湖的玩灯风俗也是来源于中原地区的舞灯习俗。试想，若是没有这些移民文化，芜湖的节日里会少了多少乐趣？芜湖人的生活又会有着怎样的改变？

无法想象！这些风俗在几千年里已经渗透到芜湖人的骨子里，难以割舍。

人生在世谁非客

毫无疑问，芜湖的文化是多样的，而它的语言终究要走向统一。芜湖人并不是从古代就开始说吴语的，这里最早的方言还是江淮官话。

吴语——这一古老的语言现在也只有老人们能说几句，年轻人开口皆是江淮官话或普通话，对他们来说，那些老人家的语言既晦涩又难听，早就过时了。

年轻人不觉得什么，老人却觉得这是忘了祖宗的根。

不知大家在电视里有没有看过这样一个画面：出国留学多年的儿子终于返回家乡看望离别已久的父母，可是长期在国外生活的他已经不太会说家乡话，张口闭口都不由自主地带上英文，老父亲听着实在不舒服，最后眉头一皱，桌子一拍："外面待久了，话都不会说了吗？说人话！"

在儿子心里，这是父亲不理解他；在父亲心里，这是儿子在忘本：如果一个人连伴随自己成长的语言都忘记了，他的心里还能记住什么？

祖祖辈辈流传下来的语言，就是祖祖辈辈积攒给后人的财富，说它土，殊不知其蕴含着的乡俗文化底蕴，是对民间文化的最好传承；说它过时，却不知其丢了就再也挽回不了，少一分都很可惜。

因此，当芜湖人发现，祖辈们说的吴语已经不知不觉退出生活舞台时，有人慌神了。如果吴语最终退出芜湖的历史舞台，那么芜湖千年前的那些伴随着吴语的历史，又该何去何从，那些用吴语传承的芜湖曲子、风俗是否又会跟着消失？

大家需要一种共同的语言来交流，也需要能够传承地方特色的地方方言。也许要不了几代，当地的老一辈人走了以后，年轻人忘记了如何说吴语，而芜湖这片曾经的吴语区，再也没有人能想得起来。

有人提议多说吴语，以保护这种渐渐被北方官话所侵蚀同化的方言；也有人提议将原来说吴语的地方组合划省，建立吴语区加以保护……方法很多，却都很难实现。

芜湖的吴语相对于江淮官话，相对于普通话，已经不能再现昔日的辉煌。但是只要它还存在于这里，还没有退出芜湖的历史舞台，那么在这里积攒的文化就不会散去。

对得起历史便好。

（二）不要问我从哪里来

就像蒲公英随风吹散，却能落地生根，茁壮成长；
就像溪流大河四处奔流，却能融入大海，九九归一；
就像历史风云变幻，跌宕起伏，却最终走向平稳和灿烂；
每一个过程都是曲折的，每一个结果又终是平和的。

对于芜湖人来说，品味自己的语言，就是阅读一部复杂的、久远的、多变的书。而最令人好奇的便是，这本书到底是如何从无到有，如何演绎成今天的模样的呢？

它的根在哪儿？

名字故事多

父母爱给年幼的孩子取乳名，当孩子长大以后，又起了大名，在外人面前，便喊他身份证上正式的名字。

芜湖也不例外。

当它还不叫芜湖的时候，它有很多个名字，基本上每到一个时代，它就会被改名换姓，改到最后，大家都记不清前面的名字，好似它们不曾出现过。

怎么能忘记呢？中国人对名字是非常讲究的，几乎每一个名字的后面都有着别样的意义。现今，大家若是想了解芜湖方言的意义，首先要知道这座城市名字的由来。

芜湖鸠兹广场

芜湖最早的名字挺美，叫鸠兹。是不是想到了"关关雎鸠，在河之洲"？有人说，这鸠兹就是指当时生在芜湖的一种鸠鸟，估计那时芜湖环境太好，鸠鸟都爱飞到这儿住着，所以就以它命名。《后汉书·郡国志》中就把芜湖和鸠兹一同提起，"鸠兹意指鸠鸟栖息繁殖之所"。

不过，也有人认为鸠兹指的是人。在他们看来，《后汉书》的记载并不太靠谱，因为写这书的人并没有经过实地考察，是以《东观汉记》为主要依据，采摘诸家之作，编成一书，有望文生义之嫌。而真正的鸠兹应该指的是在商周以前，芜湖一带东夷族里的一支，是阶级社会出现以前的芜湖人。

以上观点众口不一。无论是鸟还是人，似乎都不足以让人信服。不过芜湖人倒没那么纠结，大约是鸟比人有意境，都挺认同鸠兹就是鸟。为此，他们还建了一个鸠兹广场。广场上竖立着一座33米高的鸠兹鸟青铜雕塑，每一只鸠兹鸟就跟凤凰似的，威风凛凛。

不过这名字到了汉代，似乎不太受欢迎。后来因为鸠兹附近的大湖淤塞，湖水变浅，蓄水不多而生出很多芜藻，这湖便叫作芜湖了。

汉代人取名字也够爽快，因在这芜湖边上设置了县，便干脆把县也叫作"芜湖"。在现在的人看来，这名字算是取对了，应该不会更改了。可是古人偏不消停，到了唐代的时候，芜湖又换了名字。

换了啥？于湖。

这个叫法其实来自于口误。隋朝以前，于湖和芜湖都是两个相邻的地方，但是到了唐朝，唐太宗下诏重修《晋书》，由于仓促成书，且编撰者考核的资料单一不充分，结果就把于湖当成了芜湖。如此一传十、十传百，最后，芜湖莫名其妙地变成了于湖。就连大文学家陆游在《入蜀记》里都说"芜湖即于湖"。

这还不算厉害的。古代文学家们还能因为断句错误而又给芜湖加了个名字——湖阴。

这事说起来就好玩了，唐宋时期，诗人温庭筠和苏东坡在读《晋书·明帝纪》时，由于不知道芜湖和于湖是并存的，读到其中的"六月，（王）敦将举兵内向。帝密知之，乃乘巴滇骏马微行至于湖，阴察敦营垒"时，一不留神把标点符号往前移了一位，变成："六月，（王）敦举兵内向。帝密知之，乃乘巴滇骏马微行至于湖阴,察敦营垒。""于湖"变成了"湖阴"。这还不算完,他们还都分别以《湖阴曲》为名作诗抒发情怀。

名人效应是可怕的,自此以后,一直到清代,文人们写芜湖诗,都把湖阴作为芜湖的地名。甚至在民国时期,还因此产生了流传于芜湖本地的地方戏:芜湖滩簧,又名湖阴曲。

幸运的是,绕了一大圈后,它仍然还叫芜湖,可以说这也是天意。

现在的过去

在很久很久以前,芜湖仅仅是一块说吴语的地儿,就跟现在的江苏、上海一样。可是大家现在去芜湖,大部分时候听到的都是江淮官话。

这就奇怪了,既然千年前吴语在芜湖生根发芽,长成一棵大树,为何现在这里又变成江淮官话的天下?这两个完全不同的语系,在千年时间里到底发生了什么?

咱们就来窥探一下历史吧。

追根溯源,先瞧瞧吴语。吴语历史极为悠久,可以追溯到2600多年前。当江淮地区还是较野蛮的东夷人的天下时,吴语便开始从东晋南朝时期的吴郡、吴兴、会稽三地发展起来,也就是现在的苏州、湖州、绍兴和安徽的南部等地,其中便包括芜湖。

吴语发展很快,明代时期就已经在词汇、语法方面基本形成了今天的轮廓。明代冯梦龙曾编订了一本《山歌》,收集记载苏州一带的民歌小调,从中便能看个一二。

例如,《山歌》里有句"里东村头西村头南北两横头二十后生闲来搭"。其中提到"横头"就是"一头、一端"的意思。而在现在的上海话里,"横头"仍然指"一侧、边上",例如上横头、床横头、脚横头。还有一句"老虫哥再来账外数铜钱",里面的"老虫"指代"老鼠",这在现代江苏一带

冯梦龙

都仍然沿用。

除了成熟时间早外，吴语还有广泛的使用人群，在全球语言使用榜上排名第十位。因此，联合国将它单独列为一门语言，并且认定它是日常生活中主要运用的五种语言之一。

别看它现在低调安静的样儿，其实就像世界上大多数语言一样，也被划出好几个区域来，分别是太湖片、宣州片、台州片、婺州片、处衢片和瓯江片。

这些区域之间的关系复杂着呢。

太湖片使用吴语的人数最多；宣州片和台州片、婺州片和太湖片关系最好，三个地区的人说话虽然有些差别，可对话是毫无问题的；处衢片和瓯江片就有些不合群了，它俩与其他片完全不能对话。但是大家毕竟同属一种方言嘛，相邻的两个语言片区相互之间还是有交集的，带着过渡性质，如婺州片的武义就带有一些处州小片特点，处州小片的缙云又有一点婺州片的特点。

就在这错综复杂的关系里，分在宣州片的芜湖方言也略微复杂起来，跟着分出铜泾小片方言和芜湖县话。

可以看出，此时吴语还是称霸芜湖的，那为何最终还是"让"位于江淮官话了呢？这还得从中原战乱，北方人民无奈南迁的老话说起。

没办法，谁让历史上的芜湖是个"万人迷"呢。

它足够富裕，在明清时期，它是全国浆染业中心；在近代，它又是"中国四大米市"之一。1876年中英《烟台条约》把芜湖辟为通商口岸，其成为近代安徽开放先锋。

它还足够美丽，因"长江巨埠、皖之中坚"名誉华夏，有着"云开看树色，江静听潮声"之美誉，还被孙中山称为"长江巨埠，皖之中坚"。

如此得天独厚、经济发达的地方，自然吸引了大批外地人过来生活，大量说中原官话的人迁移到这里，和说吴语的芜湖人一起生活。刚开始大家还言语不通，可是既然成了邻居，怎么都得找到个共同语言吧，于是，你一句我一句，双方的语言就开始相互掺和了。就这样，在北方话的大肆"攻占"下，芜湖市区里一些典型的吴语区被迫接受北方话，并且不知不觉地与其融合，最终形成了另一种模式的语言，就是江淮官话洪巢片。

简而言之，江淮官话是北方话和吴语的"混血儿"。正因如此，虽说现在芜湖话多是江淮官话，但是仔细观察，言语之间还是能发现吴语的影子。

就如某日芜湖人来学校，还差一分钟就到上课时间了，他大喘着气匆匆地跑进教室，坐下后才放松起来："我再来晏（àn）点就迟到了。"意思是"我再晚一点就迟到了。"这里的"晏"就是"晚"的意思，此用法在吴语中也是如此。

而且，芜湖方言和吴语都爱把"生气"说成"择气"，把"端东西"说成"掇东西"，把"味道很咸"说成"味道齁咸"。

此外，芜湖市外的芜湖县、繁昌县、鸠江区等地方，一些老人的说话方式甚至可以成为吴语的范本，当他们想提问时，就会自然而然地说："你晓得哈?"或者是"那个电影哈好看?"基本定式就是"哈+动词或形容词"，这在吴语中也有相同的用法。

在当地还有一些词汇也保留着吴语的特征，并且和普通话差别很大，基本如下：

芜湖方言（吴语）	普通话
豁龙包	拍马屁
打坝	刁难
冒板	硬充好汉
筋杠杠	身体好
门早	明天
择槽	乱丢垃圾
磕基头子	膝盖
手捏子	手帕
费物头子	捣蛋鬼
侪	都
物事	东西

你看，打断骨头连着筋呢。

同根生不同

这里有一个笑话，只有芜湖当地人才能笑得出来。

有一次，在北京举办一个古董欣赏交流会，当时有芜湖人参加安徽代表团，在欣赏过程中，有一位芜湖古董玩家突然大喊："都是炸弹。"结果，会上一片混乱，大家全部趴到地上，唯独芜湖的古董玩家没有趴下，反而愤怒地直跺脚。

好了，笑话说完了。

看到这，估计不少人会撇撇嘴：笑点在哪儿？其实笑点就在芜湖人的芜湖话里面，因为芜湖话里"炸弹"就是"假货"。

如此再回头看一遍，便能抓住笑点了：芜湖人看到古董交流会上都是假货，忍不住愤怒地大叫起来，结果口音太重被他人误以为是"炸弹"，都吓趴了。

这样的笑话，重点就在于芜湖方言和普通话的对比。要说这两种方言，也真有意思。一个是由北方话演变的"混血儿"；一个是以北京语音为标准音，以北方话为基础方言的"综合体"。当它俩碰到后，除了以上的笑点外，差别还真不少。

首先，音的差别是必然的。在芜湖方言里，有些声母并不如普通话声母一样泾渭分明。当"c"遇到"h"组成"ch"时，当"s"遇到"h"组成"sh"时，一切都变得简单起来，通通念作"c"和"s"。于是，"他在洗水池忘记了时间，差点迟到"在芜湖话里就变成"他在洗水词忘记了思间，差点词到"。

遇到"r"时，芜湖人也不管普通话怎么念，直接说成"z"。结果好好的"日子"就变成了难懂的"zi子"，听起来可真怪。更怪的还有"ji ji"，它指的既不是"积极"也不是"几级"，而是"意义"。没办法，谁让芜湖人要把"y"念作"j"呢。

而且，相较于普通话里动不动就要卷个舌头说话，芜湖方言就淡定多了，大有"任你舌头卷多高，到我这儿都撸平"之意。因为芜湖人遇到"儿、耳、二"这样舌头得卷起来读的字，都只会读成"á、ǎ、à"，一点都不需要卷舌头。

除了发音不同，芜湖话在表达情感上也和普通话有不同的感觉。以下就用两种不同的方言结构举例。

第一种是"好"字结构。

在普通话里用"好"的地方多得很，有时大家说激动了，就会连用多个"好"字："这家花店好香，里面还有很多好吃的蛋糕，特别特别好吃。"

这时，"好"能及时地表达说话者的喜爱程度，并且加重说话者的语气。因此，虽然听的人不知道那家店到底如何，但是从连续的"好"上可以感觉到那里一定是很不错的地方。

可是，如此好用的"好"字在芜湖话里似乎有些不灵验了。芜湖人若想很好地表达"好"，就不能像普通话那样把它光秃秃地放在句子里，还得在后面加一串尾巴："好+A+一个（A根据情境替换）。"

例如，走在大街上，若是留心观察，就会听到芜湖人说着"我好开心一个""我好饿一个""我好累一个"之类的话。

瞧出来没，这个"好"的结构放在句子里，很有点普通话里"很"的意思："我很开心。""我很饿。""我很累。"

所以若是芜湖人介绍美食，她们会开心地说："蛋糕好可口一个。"

也有人会问，这"好"字可以理解，可后面的"一个"是什么意思？这可说不清了。单从字面上看，大抵是用来配合"好"表达程度的，并没有具体的意义。也许是千年的语言演变中，哪位先人这样说了，结果引发了大面积的普及。不过，千万别不停地追问芜湖人，没准他们会翻个大白眼："你好烦一个！"

芜湖话里的第二个典型结构就是："名词+形容词+的。"

这里咱们拿出"铁紧"说说，这个词在普通话里可以形容某些东西非常紧密，也可以形容脸色严肃。所以张友济可以在《一个红军的成长·难忘的人》中写道："很多敌军官兵还没来得及逃进城去，城里的敌人早吓得把城门关得铁紧。"

小说《万仞约》中也可以有"闵贵林那个短短个子一出现，大家就静了下来，脸子都绷得铁紧"这么一段。

但是若是换作芜湖方言，那就得统统换掉，变成"城门关铁紧的"和"脸子都绷铁紧的"。

瞧出来没，这个"铁紧的"就是"名词+形容词+的"的结构。类似的用法还有"今天晚上晕凉的（很凉爽）"、"她做的饭铁硬的"以及"瞧你中奖傻乐的"。

不过，在生活中我们要表达丰富多彩的情绪，光陈述是不够的，还得适当地用用疑问句、反问句。这个时候，上面两个定式显然就不够用了。别急，芜湖人见招拆招，有办法呢。

一般来说，芜湖话里的疑问代词大致有"哪、几、么"这三类。

"哪"可以组成"哪个"，主要用于询问人物或者做某种选择；"哪块"则是表达对场地的疑问；"哪样子"就是在询问情况。

"几"的疑问用法基本是"几+量词+名词"，表示数量；或者是"几+时间名词"，表示时间。

"么"其实就是普通话里"什么"和"怎么"的简称，在不同语境下灵活调换。也就是说，芜湖人会把"发生了什么事情"换成"发生了么事情"；把"怎么回事"调换成"么回事"。

有趣的是，这些疑问代词在非疑问句的情境里都有任指、遍指的意味，甚至还能表示否定。

例如，一家人计划旅行，可是每个人想去的地方都不一样，大家吵吵闹闹，让只想待在家里的爷爷听得心烦，忍不住说一句："哪个想去哪块，哪个就去。"结果大家都不说话了。

爷爷的话里，"哪个"并没有特指某个人，而是针对全家人；"哪块"也没有明确指某个地方，都是泛泛的概括。爷爷的意思就是"谁想去哪就去哪"。

不过，这本来是顺了大家的心意，为什么爷爷说了后，大家都不吭声了？原因就是爷爷这看似随意的话里有一种对家人意见分歧的否定，话里有话，大家听到了，自然不好说什么。

在芜湖方言里，类似这样的"隐藏语气"还有很多，这里也就不一一赘

一家人商量旅行

述了。

无论如何，"橘生淮南则为橘，生于淮北则为枳"，虽说芜湖话和普通话都和北方话有关系，但是地域、人文和时代差异最终导致两种语言的不同。也就是因为这种种的不同，大家才会好奇芜湖方言的根究竟在哪里。

其实答案并不重要，过去已然过去，重要的是现在和将来，在如今语言相互冲击融合的时代，能守得芜湖一方话，就是对过去的一种慰藉。

不要问我从哪里来，我的一切都在这里。

（三）杂七杂八皆精华

这天，城里风和日丽，天气晴朗，李四骑着自行车忍不住瞥一眼手表，女儿放学的时间要到了，他得抓紧时间，可别让小家伙等着。

可刚想到这里，他的车头就和另外一辆车撞到一起。李四赶紧平衡好身体，抬眼看向对方，那是一个年轻人，戴着耳机似乎一直在听音乐。算了，赶紧去接孩子吧，李四甩甩被震得发麻的手，抬腿就要走。可这个时候，那个年轻人却拽住他的后座："你带我哈来，败慌走？"

李四无奈地下了车："干么四啊？"

年轻人指指自己歪了的车把手:"你俺金喝的了啊,看不到我车子拐弯啊?"

李四撇撇嘴,自己骑车可是很稳的,车速又慢,如果不是年轻人急着拐弯,他俩怎么也不会撞到:"你讲什么东西啊,我看你讲豁的嘴了吧,哪个俺金喝的拉,是你才面千撞我的吧。"

年轻人一听火了:"吆,你看你那个走头国颈的样子,哈想跟我告一把了?你跟我刚你叫什么名字,噶住哪拐。"

李四不耐烦地看看他,这个年轻人怎么不依不饶:"我噶住盆堂沿,认的我的都喊我小四子。"

他这样爽快地说出来,年轻人反而愣住了,过了一会儿才反应过来:"你……你败跟我七糊八糊的吧。"

"我要糊你喃,cei便你怎么刚。"

"咦?"年轻人有些犹豫地说:"盆堂沿小四子,哈是住磨水大交的隔壁啊。"

"是的哎,怎么刚。"李四奇了怪了,这个人认识自己?

那个年轻人突然"哎哟"一声:"四锅啊,搞半天是你哦,怪不得我讲怎搞看的这么面熟喃。我蛮,小三子,以前跟小二子到你噶打过牌的啊,你搞忘的啦。"

听了这话,李四才仔细地看了看他。嘿,还真是:"哦,对对对,你一刚我想起来了。"

小三哈哈笑起来:"该个搞的真对不住,昨天晚上告没睡好,该个俺金看东西发护。"

"喝扯什么东西啊,是我稀里糊涂的没看路。"李四也跟着笑了。

"哪天到我噶喝两杯啊。"

"那不一句话吗,"误会解除了,李四看看手表,女儿学校都放学了,他得赶紧去,"我该个赶的kei接小家伙,先走了,就这样刚。"

小三忙摆手:"就这样刚,就这样刚!"

这是发生在芜湖街头的一个普通的故事,无非就是熟人撞到一起,认出来后友好地离开。不过如果外地人在身边,估计得紧张一下,因为芜湖人说话语速快,语气也稍硬,听不懂的人单凭他们的说话语气,还以为是要打架。

没办法，谁让芜湖话里有那么多有个性的字眼呢，这个那个不同的字放在一起，这样那样特殊的意思混搭在一块，不知不觉，竟然成了普通话所没有的特色，即为"精华"。

自行车相撞

哈哈哈哈哈

在芜湖话里面，"哈"字用得算是比较多的，但是它和普通话的用法却稍微有些不同，除了表示开怀大笑之外，它还有很多有趣的意思。

第一个，就是把"哈"当作普通话的"下"。

有人会好奇，这两个字差别也太大了吧，"哈"和"下"无论是从发音上，还是从字形、意思上，相互间怎么也搭不上边啊。其实，在芜湖方言里造成"哈"等同于"下"的原因有二：一是由于语音发生系统性的演变，二就是由于芜湖人比较"懒"。

和其他方言一样，芜湖方言里有着不少古音，虽然大部分字的语音都随着时间变化而发生变化，但是芜湖方言里仍然有一些字音是没有变化的。芜湖方言里的舌根音并没有像现在普通话那样完全分化，所以芜湖人有时会说

"上该（上街）""哈面（下面）"这样的话，听惯了普通话的人自然就不好理解了。

另一方面就是因为"哈"比"下"读起来更加省事。中国人勤劳，但是也不会傻乎乎地蛮干，遇到可以省事省劲的地方，自然会多想几步。就说这个"哈"字，发音的时候基本是不用费力的，完全顺着呼吸出来，而"下"字念出来就是"xià"，三个音素如何都省不掉，还必须配合着发"去声"，相较"哈"字，可真是够麻烦的。于是，芜湖人干脆遇到"下"时，都念作"哈"。

例如：

学生请教老师问题，老师笑着说："这个问题问得好，我想哈子。"

爸爸喊踢球的儿子回家写作业，儿子不情愿地说："再让我玩哈子嘛。"

语文课上，老师问大家："谁能用一句话解释哈子？"

公园里有人想下湖游泳，被闲逛的老人制止住："不要哈去，危险。"

还有上文中小三对李四说："哈来。"就是要他从自行车上下来……

这就有点像普通话"妈妈、爸爸、灵灵"之类重复的词，人们从省事、方便的角度出发，在不影响理解的情况下，将第二个字读轻声。芜湖人读"哈"的初衷和这个是一样的，只要最后意思能懂，过程怎么演化也就不那么重要了。

这样一想，"哈"字的意义如此转变也很正常了。

第二个，就是"哈"能表达多种形态的语气。

一个普通话里表达笑意的"哈"字，在芜湖话里还能表达多种语气，可真是丰富多彩呢！

（1）使用它意味着那句话是用一种和缓的语气，在亲密的人之间，表达一种友善的感情。例如："你不要生气哈，我

催别人"快点哈"

知道错了。"这里的"哈"放在句尾，相当于语气助词，加重说话人的情感程度。试想一下，假如把这句话的"哈"字去掉，变成："你不要生气，我知道错了。"虽然对方也是在表明态度，但是说的话却稍显硬了。又比如："要迟到了，快点哈。"虽然是在催促对方，但是"哈"却削弱了催促的力度，使原话变得更加委婉，听的人也更愿意接受。如果不用"哈"，那就直接变成命令了。

（2）"哈"单独使用，表示追问。若有一个学生询问同桌周末作业完成的情况，他会说："你作业都写完了哈？"同桌猜他大概想拿去抄，便假装没听见。这时候，那个学生就会提醒性地再问："哈？"此刻的"哈"表示的就是追问。他既然这样说，同桌也不好不回答了。

"你作业都写完了哈？"

这样看，"哈"在语气词中倒是了不起的，一般普通话里的语气词，都是附在句子的末尾表示疑问，还没有哪一个能单独使用。你能想象自己把"吗"和"吧"单独提出来说吗？不知道的人还以为是在喊"妈"和"爸"呢。

（3）至于第三种语气嘛，就是芜湖人在说疑问句的时候，"哈"加上形容词、动词、动词性词组，表达一种特殊的格式。这时，它地位提升，不用放在句末了。

例如，小丽和好朋友一起上街购物，试穿了一条裙子，问好友："这条裙子哈漂亮啊？"她的意思就是"这件裙子漂不漂亮"，"哈漂亮"等于"漂不漂亮"。同样的，爸妈晚上加班，要留孩子一个人在家，问："你在家哈行啊?"这里"哈行"就是"行不行"的意思。出门旅游,不知道往哪儿走,芜湖人会忍不住嘀咕一句:"哈是这条路啊?"又或者说:"明天到底哈去步行街啊?"这种问法很轻松,仅仅用一个"哈",既可以替代"是不是"又能当成"去不去"。

不得不说,芜湖人还真会"精打细算"呢。

个个个个个

芜湖人说"哈"的多,说"个"的也不少。

细心的人会发现,在本文开头小三和李四的对话里,总共说了五个"个"字。没办法,谁让这字用起来太顺嘴呢。

"个"字嘛,在普通话里,一是表示数量,一个,两个;二是用作名词,单个,矮个。但是在芜湖话里,"个"的能耐更大。

"咱们老百姓呀,今儿个要高兴。咱们老百姓呀,今儿个要高兴。咱们那个老百姓,今儿个要高兴……"20年前,一首《今儿个真高兴》一度在街头巷尾循环播放,先不说唱得怎样,就单论歌曲营造的氛围,已足够让老百姓们乐呵了,不为其他,就是接地气!

你瞧它歌词里面的"今儿个",典型的北京话,只有北京话会把"个"放在代表时间的"儿"后面:昨儿个、今儿个、明儿个。

芜湖人呢,也爱把"个"拿过来表示时间,只是更简单些,直接放在"昨、今、明、后"的后面,完全不用"儿"。

所以,走在芜湖大街小巷,经常会听到人们这样说话。

甲:"今个天真好。"

乙:"昨个去了趟合肥。"

丙:"后个是他生日。"

当然,若仅仅是以上用法,"个"显得也太单调了。还好有两个小伙伴来助阵,一个是"点",一个是表示性质的形容词。

三者基本按照"表示性质的形容词+点+个"这样的模式来组合。无论放在句子中做谓语、状语、补语还是用在祈使句中,它们都表示差不多的意思:

提醒、鼓励和警告。

例如，想催促某人快一些，就说："哎，要迟到了，你快点个。"这句话里，"快+点+个"放在主语后面做谓语使用，表示的就是提醒。

"你讲的故事真好，败怕丑哎，再讲一个，大方点个。"这里"大方+点+个"表示的是一种鼓励。

出门在外，爸爸要离开一下，又怕淘气的孩子没人盯着会跑到马路上，就严厉地对小孩说："规矩点个！"显然，这里有警告的意味了。

此外，它还能表示程度的轻重、数量的增减。

如，去饭店吃饭，习惯吃辣的人看不到辣椒，忍不住抱怨："菜再辣点个就好了。"此刻，"辣+点+个"代表的就是"辣"的程度。

又或者是妻子看看冰箱，嘀咕着："肉一点个都没的，得去买了。"在她的心里，这"一点个"表示的就是"肉"的数量。

还有老人在公园里散步，遇到喧哗打闹的年轻人，不禁皱眉道："这里一点个都不安静，不好不好。"此时，"一点个"强调的是环境的安静程度显然没有达到老人满意的标准。

像这样的例子，在芜湖人民的生活里比比皆是。那么，"个"除了能表示程度，还能表示出"强调"的语气吗？

自然是可以的。只要把它和几个词放在一块便可："好+形容词（动词）+一个。"

有趣的是，芜湖姑娘们用这个公式会给人一种"萌萌"的感觉。例如，芜湖人喝到喜欢的饮料会说："饮料好好喝一个！"晚上不敢走夜路，会说："晚上一个人走路，我好怕一个！"如果把这些表达方式换成普通话就是："饮料很好喝！""晚上一个人走路，我很怕。"是不是瞬间觉得索然无味，没什么感觉了？

而且，只要在"好"和"一个"中间加上表示心理活动的词汇，就可以表达很强烈的感情。例如，"我好讨厌吃水果一个""我好喜欢唱歌一个""宠物狗好小一个"。似乎这样一说，大家的重点立刻就集中在"讨厌""喜欢""小"上面了，强调之意立显。

其实，真要说起来，芜湖人还是非常"懒"的，前面嫌"下"念得不如

"哈"简单，后面又觉得"个"用起来复杂，如果用"个"表示代词，得说"这个""那个"，一个音变成两个音才行，多麻烦。

于是，他们干脆在使用代词时也只用"个"。普通话里说："这个人真奇怪。"芜湖话就变成了："个人真奇怪。"

"那本书太重了"变成了"个本书太重了"。

这没头没尾的话，可真难为了外地人。没办法，学呗！

得得得得得

除了"哈"和"个"，平日里用得最频繁的词，大概就是"的地得"这三个字吧。生活中，特别是书面语里，若避开了这几个字，说出来怎么都会觉得别扭。大约是这几个字太重要了，芜湖人又发挥自己的聪明才智，给其中的"得"延展出 n 种使用方法。

其中一个便是把"得"当成"在"使用。

"在"是个普普通通的字，只要后面加上某个地点，表示一下所要阐述的地方，它的"任务"就完成了。但是，大家不妨试想一下，如果把一句普通话里的"在"去掉，换上"得"，那会是一番什么景象呢？

芜湖人来告诉你。

"不要站在这里，危险。"转换后变成"不要站得这里，危险。"

"我放在这里的衣服哪去了？"转换后变成"我放得这里的衣服哪去了？"

"东西放在包里，别弄丢了。"转换后变成"东西放得包里，别弄丢了。"

仅仅换成"得"，整句话的意思就变得高深起来，说惯了普通话的人们乍一听，怎么都要愣几下。

别急，这后面还有呢。

除了和"在"保持一致外，"得"还能和"着、了"表示同一个意思。因此，芜湖人不会说"你坐着"，只会说"你坐得"；不会说"低着头"，只会说"低得头"，更不会说"看着看着就睡着了"，只会说"看得看得睡得了"。

表示"了"时，芜湖人会这样用："登上得山就歇会儿。""吃过得饭再看书。""过得这条街就看到学校了。"看出来没，当"得"等于"了"时，一般就表示一个状态刚结束，下一个状态即将开始。

　　有趣的是，"得"和"了"不仅相通，还可以同时放在一句话里。如"眼睛看花得了""西瓜吃完得了""晚上睡迟得了"。这样用仅仅是充当一种语气词，气氛平和得很。

　　不过，芜湖方言也不是一直都很平和的，也有感情比较强烈的时候，例如，在方言里加上"得"的公式"紧+动词+得"。如果芜湖人用这个公式对话，那就说明心有责备了。不信，你看：

　　"你来不来都要说一声，害我紧等得。"这是在责备你爽约。

　　"眼睛都近视了，还紧看得。"这是责备用眼过度。

　　"这么晚了，他还在外面紧玩得。"这是在责备他过分贪玩。

　　若仅仅是责备，那语气都算是好的，可当祈使句里出现"得"时，就意味着某人要被催促立刻做某件事了。

　　例如，小孩比较挑食，只爱吃菜不爱吃饭，严厉的芜湖家长把碗一放，眼一瞪："把饭吃完得。"若是遇到某人拿了不该拿的东西，芜湖人也会飞快地来一句："放得！"

家长对挑食的小孩说"把饭吃完得"

所以，还是赶紧按照对方说的来吧。

除了以上用法之外，芜湖人还来个"返璞归真"，直接用起"得"最根本的释义造词。比如说"没得"。

"得"的意思是"有，得到"，那"没得"就是"没有"喽。这样引申后，可以如此说：

"你没得吃饭，不饿吗?"

"走这么远的路，大家都没得停下。"

同样情况的还有："烧得"＝"烧到"，"取得"＝"取到"。"得"的用法嘛，多得很呢!

其实要说这芜湖方言到底有多少特别的字，还真是数不上来。有些字来自遥远的古代，有些字来自民俗生活，无论来自哪里，都是芜湖人民在时光浪涛里留下的痕迹，是有别于普通话的独特一面，是特色方言的精华所在。

五、三山鼎立，五水分流
——淮南方言与地域

（一）山水之间故事多

一朵花从播种到盛开，需要 1 年；

一个人从婴儿到壮年，需要 30 年；

那么，一座城从建立到发展，需要多少年？

淮南告诉你：33 年。

在很久以前，人类就琢磨着登月，无论是科幻片还是卡通片，为了能在月球上生活，人类第一步需要做的就是建立月球基地，再迁徙一批人过去，等稳定了再计划安排下一批人。就这样，一批一批的人移居月球后，月亮便成了第二个地球。

这样的方式也曾在安徽的淮南上演过。

淮南是一座标准的移民城市，1952 年之前，它仅仅是位于淮河东岸的一个镇，没有任何经济发展可言。然而 1952 年之后，它开始以煤矿建城。丰富的煤矿资源带动了生产。矿工、家属、小摊小贩……慢慢地，这里形成了独立的城区，当城市主干道把这些独立的城区串起来时，淮南市便成形了。

此后，淮南市飞速发展，到 1985 年，它已变成区面积超过 100 平方千米的城市，被国务院批准为对外开放城市。而与这个飞速发展的城市同步进行的，除了飞速增长的人口，还有古代语言与现代语言的极速融合。

山水的延伸

古老的城池，年轻的城市，悠久的过去，蓬勃的现在，说的就是淮南。虽然它作为煤炭城市的时间不长，但是不代表它的身后没有文化历史。相反，历史上，与它相关的事情还真不少，不仅对淮南地区有影响，还辐射到其他地区，产生非常多的民俗俚语。

这里就有几件它和淮南王之间不得不提的事情。

西汉时期就有淮南，只不过不是现在的淮南，而是淮南国，它的范围大概要占据整个安徽中部，北抵淮河，南到巢湖，算是个不错地界，有山有

淮 南

水，风景挺好。

当时的汉厉王之子刘安就在这里任淮南王。

刘安是个爱惜人才的领导，只要是有独特才能的人登门拜访，他一律将其纳为府中门客，时间久了，门客高达3000人。可是这么多人总不能干坐着，总要做点事吧。于是，在刘安的号召下，大家基于江淮之间的楚文化，广泛吸收众家思想，编著了天下奇书《淮南子》，第一次完整地确立了二十四节气，对后世影响很大。

但是他最为赏识的还是其中的八位门客，人称"八公"。传说有一天，刘安与八公在山上炼仙丹，服食后得道成仙，剩下的丹药碎末被鸡犬吃了，也跟着一起飞天。这便造就了现在五湖四海都在用的典故"一人得道，鸡犬升天"。而那山就是现在的八公山。

当然，传说仅仅是传说，现实中的刘安不是嫦娥，仙丹什么的只是美好的愿望。不过，仙丹没炼成，有一样东西倒是炼成了，那就是现在有名的淮南八公山豆腐了。

话说当年刘安在炼长生不老药时，偶然将石膏点入豆浆之中，经化学变化后，药丸没出来，白嫩嫩的豆腐倒是诞生了。自此，香滑柔嫩的豆腐加入到淮南国人的菜单之中。

不过，豆腐虽好，总用一种烹制法，吃多了也会腻味。

于是，经过数不清的岁月，人们不断翻新演绎豆腐菜肴，例如冻豆腐、臭豆腐、煎豆腐……在吃的时候，大家手里也不闲着，顺势"编"出一系列数量极其可观又富有文化价值的语汇。

有人的文字作品登上了报纸，别人来祝贺，他谦虚地说："只是块豆腐干，不值一提。"这里"豆腐干"指的就是短小的文章；

有人做官清廉，两袖清风，就是"小葱拌豆腐——一清二白"；

说某人嘴上不饶人，却很容易心软，就是"刀子嘴，豆腐心"；

提到某人做事有办法，脑筋活络，就是"豆腐房里的石磨——道道多"；

说到哪个天不怕地不怕的人就怕某个人，便是"卤水点豆腐——一物降一物"。

这些因豆腐而衍生的方言俚语不仅在淮南盛传，还广泛地传到祖国各地，丰富了大家的口语内容。

刘安与豆腐在八公山上的那次"偶遇",真是最美味的邂逅了。

淮南王刘安

追溯过去

当然,淮南人也不是仅仅只有豆腐这一个典故,他们的语言受着历史的影响,有着很多与众不同的地方。不谈其他,单取几个字词便可见一斑。

先说一个"搦",这个字普通话里念"nuò",在淮南话里却念作"nuǒ"。根据东汉时期的文字学著作《说文解字》中的解释:"搦,按也。"即用双手握住东西。

因此,若是某天你遇到一位淮南文艺青年,对方说句:"不属于自己的搦得越紧,失去得越快。"你可千万别误以为是"不属于自己的挪得越紧,失去得越快",整个意思都变了味儿。

还有一个词儿叫"曳沟"。嘿,这词可真够怪的,无论是从声调、笔画还是字面意思都和秩序、队伍不沾边,不过别怀疑,这实实在在是普通话里"排队"的意思。

大家得把这俩字分开看。

"曳"，这个字在《说文解字》里的意思是"臾曳也"。

"臾曳"又是什么意思？清代文字训诂学家段玉裁给了注解："束缚而牵引之谓之臾曳。"也就是说"曳＝臾曳＝束缚牵引"。难怪拖拉机刚来中国时，还有人用书面语一板一眼地描述其为"曳引机"。别说，还真形象。

再来看"沟"。

此"沟"非彼"沟"，它不仅表示"水渠、土渠"，还指"数目"。这层意思平日藏得很深，若不是有《孙子算经》为证，大家还真的不知道："凡大数之法，万万曰亿，万万亿曰兆，万万兆曰京，万万京曰垓，万万垓曰秭，万万秭曰穰，万万穰曰沟，万万沟曰涧，万万涧曰正，万万正曰载。"

相比之下，我们的"个十百千万"简直"弱爆了"。由此可见，"沟"代表的数字有多么庞大。这样一总结，"曳沟"的意思便初现端倪：向着一个目标，按顺序有秩序地前进。

这么看"曳沟"就和现代的"排队"差不多了，甚至比"排队"的意思更丰富。因此，淮南人一直保留着古代的说法，只说"曳沟"，不说排队。

不过，若是遇到个"马虎熊"，这"曳沟"也不太好进行了。在淮南，马虎熊不是指马、虎和熊三种动物，而是特指漫不经心、过于随意的作风。

要说这"马虎"啊，其实来源于一个故事：

宋代时京城有一个画家，画画时大约走的是抽象派路线，画的画大家都看不懂。一天，他刚画好一个虎头，有人来请他画马，他就随手在虎头后面画上马的身子。

"这……是马还是虎？"求画的人瞠目结舌。

画家就说："既是马又是虎，马马虎虎。这么好的画，送给你了吧！"

"乱七八糟！"求画的人不肯要，画家也没生气，就把画挂在自家厅堂。大儿子见了问他画里是什么，他故作生气地说："你怎么这么笨呀，这明明是一只老虎呀！老虎是一种可怕的猛兽，会吃人的，你要是碰到了这种动物，就马上躲起来，要不然就千方百计地把它弄死。"

后来，大儿子看到了一匹马，以为是老虎，就取出弓箭射死了马："我是打虎英雄！"马主人可不觉得他是英雄，扭着他到画家面前，要求赔钱。

再后来，他的二儿子看到画，问画家："父亲，这是什么呀？"

画家说："你怎么比你哥还笨，和你哥说是只老虎，他却射死了马，这就是一匹马。"二儿子半信半疑地去了山上。不巧的是，他看到一只大老虎，可他一点也不害怕，还想着：哇，这就是一匹马，听说它能日行千里呢！

他走向"马"，结果被老虎活活咬死了……画家悲痛万分，把画烧了，写了一首诗自责："马虎图，马虎图，似马又似虎，长子依图射死马，次子依图喂了虎。草堂焚毁马虎图，奉劝诸君莫学吾。"

"马虎"的来历

从此，"马虎"这个词就流传开来。到了淮南，当地人觉得"马虎"形容得还不够到位，又在后面加了个"熊"，直接成为"马虎"的"最高级"。还别说，淮南在很早以前，就有一个姓李的人，简直就是"马虎熊"的典范。

有一天，姓李的这个人特别想喝鱼汤，就在集市上买了一条活鱼，回家后慌里慌张地把鱼剖了，扔进锅里煮，等水一煮开，他就咕噜咕噜地喝了几大碗，还不由自主地咂咂嘴，觉得鱼汤真是太鲜美了。可喝完汤准备刷锅时，他的脚却踩上个软软滑滑的东西。低头一看，嗬，这不是自己买的那条鱼嘛，还没死透，正在地上乱弹尾巴呢。

连鱼汤和清水都分不清楚，鱼在锅里还是不在锅里都闹不明白，这个姓李的人可不就是正宗的"马虎熊"嘛。

特别说一句，这"马虎熊"清理鱼，在淮南话里不叫"剖鱼、杀鱼"，而是叫"迟鱼"。为什么用"迟"？有人说是来源于古代酷刑"凌迟"，想想清洗鱼的程序，还真是有些相似。也有人说来源于古字"刺"，本意是用尖锐的东西插入物体……其实，无论"迟鱼"来源于哪里，都说明了一件事，它是从古代延伸到现代的词汇，每个音，每个笔画，都有着时代的影子。

淮南山水和淮南话，都是如此。

（二）捡拾二三语

耕读传家。用"耕"来维持家庭生活，用"读"来提高文化水平，这是中国传统文化中最理想的家庭模式。日出而作，日落而息，凿井而饮，耕田而食。

在现代人看来，古人似乎对生活没有要求，然而民以食为天，若不是有面朝黄土背朝天的辛苦，又何来生命的传承，更妄谈社会发展和知识拓展。

农耕文化

就连小学生都知道写大地时亲切地称呼其为"大地妈妈"。她扮演的并不仅仅是我们足下的一分土，还是孕育生命的温床。而中国农民最擅长的，就是用双手在这温床上创造生命的奇迹，甚至于发展出特有的社会经济文化——农耕文化。

农耕文化并不是指种植的文化，而是指由农民在长期农业生产中形成的一种风俗文化。这样说起来范围就广了，它既可以是农业内容，又可以是农民们的娱乐文化。若是按照百度百科的宽泛说法，那就是农耕文化将儒家文化及各类宗教文化集合为一体，形成了自己独特的文化内容和特征，其主体包括语言、戏剧、民歌、风俗及各类祭祀活动等，是中国存在最为广泛的文化类型。显然，农耕文化包含着几千年来农民们在垂首躬腰间寻到的生活精髓，也因此，它带上了不同的地域特点。

就像花朵的绽放离不开土壤的养分，农耕文化自然脱离不了田地，它所演绎出来的各种精彩都要依托这"田地"。只要有心人在这田地里多观察一下，俯身就能捡到缤纷多彩的"语言之花"，且还不是一两朵。

从田地里捡拾

俗话说得好，走千走万，不如淮河两岸。占据天时地利的淮南，自然也有着不同的农耕文化，而且和其他地方比起来，它的性格更加复杂。

首先，和其他地方不同，在淮南的地界上，田和地并不是可以同时说的，因为它们是两个不同的个体。

田多指南方的水田。南方适宜种水稻，需要不停地灌溉，但是南方多丘陵，地势高高低低，灌溉给高处水稻的水会不受控制地流到低处，为了不让田里的水流失，农民们就把田的四周筑起小堤，就像一个口字。一个个口字排列着，就变成了无数的"田"字。而北方多种小麦、高粱、大豆……不需要像水田一样用水，也就不需要围上埝了，一般就叫"地"。淮南人就把可以种水稻的地叫作"田"，把不能种水稻的田块，统称为"地"。

从语言上就可以看出，淮南多地少田，因为淮南话中"田"字构成的词语比较少，细分下来有三种。

一是和水源有关的，例如"看沟田"和"湖田"。

前者是指淮南早期种植水稻的田，那样的田不需要太多的人力，只要自然引水灌溉就行，所以大家只要在一边看着挖好沟渠的田就好了，剩下的事都是水到渠成。多好，省时省力。

后者嘛，虽说淮南人在用，却实实在在是个外来词。湖田，就是湖滩成田。四周没有圩堤保护，一般情况下适宜种菱、茭、藕等水生植物，只有在干旱年份，或大水过后才可种植水稻。

这个词最早出现在南朝，《宋书·列传》中这样说："山阴县土境褊狭，民多田少，灵符表徙无赀之家，于余姚、鄞、鄮三县界，垦起湖田。"

而到了清代咸丰年间，湖田还引发了直接的战争。两次发生在不同地点的黄河大决堤，迫使数万名农民涌入沛县沿湖地带定居。为了生活，他们开垦起了湖田，日子也过得越来越好，没想到没过几年，原来迁出的沛县百姓也回来了，本想安安稳稳地过日子，却发现自己的田被一批外来客给占了，说不生气是不可能的，他们立刻要求对方退回湖田。移民们自然也不愿意，这日子过得刚刚好呢，难道又要往外搬？

湖　田

两方互不相让，斗争愈演愈烈，最终成了水火不容之势。好在历史的这一篇章总算是翻了过去。大抵是受到后期移民的影响，不知道哪个家伙到了淮南这水田不多的地方，突发奇想地开垦了湖田，充分利用了淮南的地理优势。

淮南话中"田"字构词的第二种情况就是和形状有关。这样的词就多了，长田、横田、拐田、三角田……如果有圆形的田，估计淮南人也会喊"圆田"吧。

这第三嘛就是和田的大小有关了，这个倒是简单明了，如七亩田、八亩田，都是我们熟悉的说法。

总体来说，淮南人说"田"的词不多，而且也略微"糙"了点，但是一到了"地"这里，那可就丰富多彩，细致多了。

首先，从干湿角度来说，淮南人爱把"地"分成"旱地"和"湿地"。一个地方两种地，主要是因为淮南地形复杂，一条淮河隔开了丘陵和平原，河这边是以干燥的丘陵为主的旱地，河那边则是以拥有浅水区的平原为主的湿地。

其次，就是以地貌特征来分，这一分，说法可就多了，咱们从高处往低处说。

最高的地自然就是在山上，淮南人会在山上起伏大、沟谷深的地方种上粮食，大有"一览众田小"的气魄，它的名字也大气得很，叫作"山地"；往下就是坡地，这里就不能叫"山地"了，得按地形叫"坡地"。

如果你觉得已经掌握了关键，你就会发现又错了，就像"不是所有的牛奶都叫特仑苏"一样，在淮南也不是所有的斜坡都叫"坡地"。若是庄稼种在斜缓的坡上，这种地就要改称"斜坡地"。若是庄稼处在带有坡度的丘陵上，那就要叫作"岗地"；若是你遇到处于河湾之外的庄稼，那可要重视了，因为这是"湾地"。老人们会告诉你："淹了大河湾，塌了半边天；收了大河湾，三年不愁吃和穿。"可见，湾地在淮南的农业生产活动中占据的位置有多么重要。

孙悟空能上天入地无所不能，淮南的农民也能"上田入地"，而且还种出遍地粮食，养育世世代代。这样看来，淮南人是十足的了不起呢。

从生长里看见

整天和书本打交道的人不一定博学，整天和土地接触的人也不一定短视。越真实生活的人，越聪慧得让人吃惊。就像整天面朝黄土背朝天的淮南人，在闷不吭声中，用汗水打造出一个又一个奇迹。仅仅只需带着眼睛，我们便能从中看出精彩来。

要耕地，最先开始的一步自然是犁地。在淮南人的方言里，犁地有另一种说法，叫作"开墒"，就是第一次犁。别小看了这个字，从古代开始，人们就已经用"墒"了，它既能表示耕地时开出的垄沟，又能表示古人在耕地时使用的一种农具，把它挂在弯犁的犁铧之上，就能左右摆动，翻土时省了不少人力。若是给"墒"后面加上"情"，还能表示土壤的湿度情况。

开　墒

一字多用，标准的多功能。

开墒过后就是"撇墒"，这个就要难得多了，要用犁向外翻，把土地细分成长方形的小块，撇墒是门技术活，每个小块都要大小均匀，不能一会跟屋子一样大，一会跟桌子一样小，均衡的撇墒能保证后期种植的质量。

好不容易忙活完了撇墒，就要把墒沟弄平整，去掉杂物，方便后期的灌溉，让水流能到达所有的地方，这一步俗称"打埫"。

等这地犁好，那就要播种了。淮南种的是五谷杂粮，播的种自然也各不相同，连带着播种的说法都有所区别。比如，播种小麦和水稻的种子叫作"播"，播种棉花的种子叫"点"，而播种豆子的种子又叫"占"。

当然，光播种是不够的，还得灌溉啊。这时，有一个词冒出来了——头浇。

这"头浇"啊，爱打牌的淮南人一定知道，因为他们会把第一个出完牌的人叫"头浇"，其次出完的叫"二浇"，以此类推。淮南人从漫长的农耕历史中悟到，只有及时给庄稼灌溉才能保证产量。当种子入土之后，首先要做的就是灌溉，放在生活中便是第一个、第一名喽。难怪玩牌的人个个想当"头浇"，没准后面会来个"大丰收"呢。

等一切都准备就绪了，那就看着种子发芽长大吧。也许等得太无聊，淮南人便观察着作物的每个生长期的特征，取些好玩的名字。

小麦的成长期依次是：盘疙瘩子—起秸秆—打苞—破口—扬花—灌浆—绿豆色—耀眼黄—勾头。

水稻的成长期依次是：秧毛子—换苗—扬花—灌浆—勾头—黄尖。

瞧瞧这"扬花"和"勾头"，形容得可真够恰当，"花扬为开，低首为熟"，简简单单地这么一说，就已经让我们想到了它们的成长状态，若是想换个词来表达吧，实在是找不到更合适的了。

无可替代，确确实实的精辟。

最后，终于等到作物成熟了，淮南人就撸起袖管，开始忙活收获了。这里咱们说一说"压场"。

在我们生活中，这个词的出现其实很频繁。主持人遇到事情临危不乱，稳定了局势，控制好场面，这叫压场；当年春晚中，全国人民几乎都伸长脖子期待赵本山的小品出来，导演偏偏把它放在靠后的时间段里，为啥？要增强演出效果，这也叫压场。但是，在淮南农民口里，"压场"和前面的解释没有丝毫关系，它读作"yá cháng"，表示用石磙碾压摊在场地上的谷物。

把"场"的第三声读作第二声，这在"打场"里也是如此。什么叫打场？字典里的解释就是"把收割下来带壳的粮食平摊在场院里，用工具碾压这些粮食，使之脱去外壳"。不过在淮南，这"打场"还得细化，首先要"翻场"，翻动谷物，让其脱粒；其次要"圆场"，将散开的谷物聚在一起；最后就是"扬场"，掀起谷物，借风力分离除去灰尘。

即使是一样的性质，淮南人还是会因不同要求而用不同的词，可见淮南人对这田地分得有多细致。

从万物里感受

要说淮南人还是很有童心的，吃蔬菜吃谷物就好好吃呗，还非要给它们取特别的名字，取名字也就算了，偏偏取一些超级可爱的名字。

就像我们常在饭桌上见到的马齿苋，这是淮南常见的野菜，以前过年的时候，淮南人都会吃马齿苋馅儿的包子。因为马齿苋在淮南有"长命菜""保健菜"之称，淮南人吃马齿苋馅儿的包子，大抵是想讨个好彩头：吃了长命菜，长命百岁；吃了保健菜，健健康康。灵验不灵验先不说，光这名字听起来就够讨人喜欢的。

马齿苋

其实，淮南人也会好好称呼"马齿苋"。只不过马齿苋如果是人类，一定不想让他们按这几种发音来喊。因为淮南人会把"齿"念作"始"，马齿苋就变成了"马始菜"。嘿，这可真不好听，不了解情况的人听了恐怕会惊悚起来："马屎菜真好吃。"

那样，马齿苋都会哭了。

不过，另外一种植物就不像它这么"悲剧"，它有一个"萌萌"的称呼——猪耳朵棵子。

是不是让你们想到了猪八戒？可惜"猪耳朵棵子"和猪八戒一点关系也没有，仅仅是因为它的叶子像两扇猪耳朵。到了春天，它就开始发幼苗，秋天果实成熟时，只要把"猪耳朵棵子"晒干后搓出种子，簸去果壳杂质，研磨服用后，不仅能清热，还能明目和祛痰呢。

虽然说"猪耳朵棵子"是草，但是作用大大的好。而同样是草，另一种就不太让人省心了，那就是"巴根草"。巴根，巴根，顾名思义，就是让根紧紧地巴在地下。事实也是如此，不要看巴根草模样很普通，跟其他小草没有什么差别，但是在泥土下面，它的根须超乎想象的发达，若是有人想除掉巴根草，那可得下一番功夫了。因为巴根草的生命力实在太顽强，即便你挖断一节，它还会长出新的根。除草剂在它面前，只能甘拜下风。

淮南还有一种草，味道苦苦的，连牛羊都不喜欢吃，而且它的叶子上尽是疙瘩，就像癞蛤蟆皮，瞧这又丑又苦的样儿，大家都喊它"癞蛤蟆棵"。不过，虽然模样不咋地，可它却是实实在在的草药。若是嘴巴上火了，拔一撮回来放到锅里煮汁水喝，可以很好地消火。

除此以外，淮南还有很多千奇百怪的名字，蒲公英叫"小鹅草"、凤眼莲叫"水葫芦秧子"……在此不一一举例了，留点时间说一说淮河里的故事。

河里的主角自然是鱼了。根据《明史·食货志》所记载，淮河里能见到的鱼类有12种，其中最名贵的要数淮河小三峡的肥王鱼。瞧瞧这名字取的，听得都让人口水直流，肥王鱼的确鱼如其名。它的外形很奇特，体呈扁圆，形如纺锤。把它和豆腐放在一块，简直美味得不得了。淮南王刘安就非常爱吃肥王鱼，一次他设宴请大臣们吃饭，但是因人多鱼少，厨师怀着侥幸心理，拿其他鱼混充肥王鱼，结果被刘安识破。刘安大发雷霆："吾一日不能无肥王。"

可以想见，这是何等的美味。

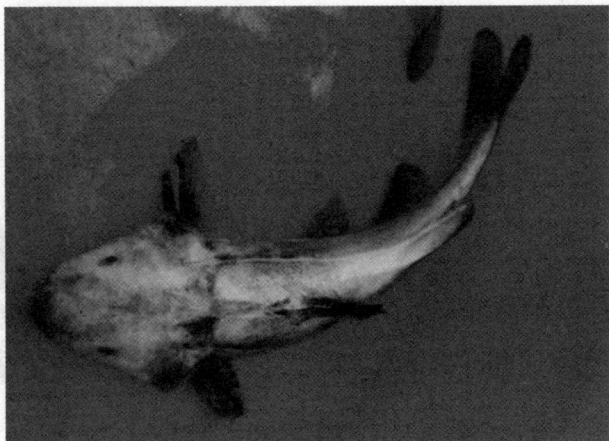

肥王鱼

除了肥王鱼，淮河里还有"噘嘴腰子"。这也是一种优质的鱼，在唐朝时还作为土产贡献给君王。当然，它有一个比较官方的名字，叫作"白鱼"。当年诗人杨万里还写过它："淮白须将淮水煮，江南水煮正相违。"

当然，淮河里也有我们平时都能吃到的鱼，只不过叫法就不一样了。如鳜鱼叫"季花鱼"；草鱼叫"鲩子"；鳊鱼叫"小头鳊花"；黄鳝呢，淮南人爱说"鳗鲡"。

这些名字有的来自古代，有的是作为民俗流传下来的。那么，若是遇到没有方言名字的鱼，那该怎么办？按照普通话的说法来叫？不不，淮南人对此很坚持，既然没有名字，那就用咱地方话现取呗。于是，鲫鱼不叫鲫鱼，叫"草鱼蛋子"；鲤鱼不叫鲤鱼，叫"鲤鱼拐子"；泥鳅不叫泥鳅，叫"泥鳅狗子"。

瞧这些名儿，和普通话相比，真是"土"得又形象又可爱。

其实，无论是庄稼谷物，还是草叶鱼类，都是淮南这块土地的宝藏，它们生长的每一个环节都被时间见证着，它们的祖祖辈辈和淮南人的祖祖辈辈深深地联系在一起。正因如此，通过这里的一草一木，淮南人能沿袭祖辈的生活习惯，能听到从过去流传到现在的话，能知道它们是什么，该叫什么。

那是刻在骨子里的反应。

<h1 style="text-align:center">（三）一名一地儿</h1>

人类有一个好习惯，爱给自己所接触的一切事物做上记号，用来区别于其他事物。因此，过去有人开玩笑说：我们是不会放过任何一个取名字的机会的。

可不是嘛，无论是当年哥伦布发现了新大陆，还是现在天文学家发现新天体，都在第一时间想着，该给它们取个名字。似乎没有名字，就等于没发现一样。

"名"

这也难怪，若是人没有名字，人类之间的交流，光打招呼就已经很困难了；若是动物、植物没有名字，光要让他人知道自己养了什么就得解释、描述半天了；若是地方没有名字，别说是游玩了，连坐出租车回家，都没法说出个所以然，更不用说什么"上有天堂，下有苏杭""泰山天下圣""自古华山一条道"之类脍炙人口的话了。

是的，至少在人类社会，像地名这样的形式是一种特别的存在。它是人们在社会生活中给地理地貌、行政区域或者居民点所起的特有名称，包含丰富的社会、文化和历史内涵，带有非常明显的地方特征。若是将这样的地名用当地话念出来，必然具有浓厚的地方特色。

淮南自然也不例外。大家不妨走进淮南，看一看这块土地上，都有着什么样的记号。

从自然之内看地名

首先，它一定很"自然"。

无论怎样，人类骨子里对自然还是有着畏惧和崇敬的。大概是我们在猿人时代就被自然界狠狠地"整治"了，即使现在人类社会科技进步了，大家

还是惧怕自然。做了坏事怕遭"天谴"，面对无能为力的境况就"顺其自然"，遇到难散之郁也要登高览山，看尽自然万物，心中才算舒坦。甚至武侠小说里，几乎所有的武功秘籍最高深之处就是顺应自然，借助万物的力量成为功夫的源泉。

即使不想承认，我们在思想和行动上也会情不自禁地与自然相融。这种相融性在淮南的地名上表现得淋漓尽致。

这是怎样的相融？打开地图，看一看淮南的地理面貌吧。首先从地势上看，淮南市被淮河一分为二，形成两种不同的地貌类型，以南是不连续的低山丘陵，属于江淮丘陵的一部分；以北则是地势平坦的淮北平原，水系发达。因此，在淮南北部，很多地方的名字都和水有关，大部分都带有"圩、河、塘、沟、咀、桥"等字眼。

"圩"指的是低洼区防水护田的土堤。在水网密集的地段里，要想好好耕种，首先得做好防护措施，修堤护田是必需的。所以，淮南市平圩、陈圩、前圩、后圩、南圩等等带圩的地名并不少见。

此外，还有一些以"合姓+圩"的地名，例如，"王朱圩子"和"胡杨圩"就是分别指王姓和朱姓、胡姓和杨姓的聚居地。

这可就有些奇怪了。从徽州地区我们可以看出，虽然中国人爱聚族而居，但是不太喜欢与不同姓氏的族群聚在一起。为何淮南偏偏会出现两种姓氏合在一起的情况呢？

这是因为过去这两个地方匪患颇多，虽然地形上"圩四周环水且栽有蒺藜之类植物"，对于抵御外患有一定的防御作用，但是无论是造田定居，还是抵御敌人，单靠一族的力量着实有些吃力，在无法独自完成的情况下，就需合族来完成。家族之间相互协调，时间久了，便有了合姓的地名。

除了"圩"，淮南的地名中"河"字和"塘"字用得也不少。不用说，自然是因为这地方有水了。不知为何，人类对水有着莫名的感觉和期待，若是找到一个有湖有河的地方生活，就觉得是非常不错的选择。在古代，那些没法住河边的富商官员们还不惜重金在自家院子里砸坑，引来活水，美其名曰"观景"。所以，有水流经过的地方，人们也乐意在地名中表现出来。就如淮南的一些区域有洛河和泥河穿过，便有了洛河镇、泥河镇。

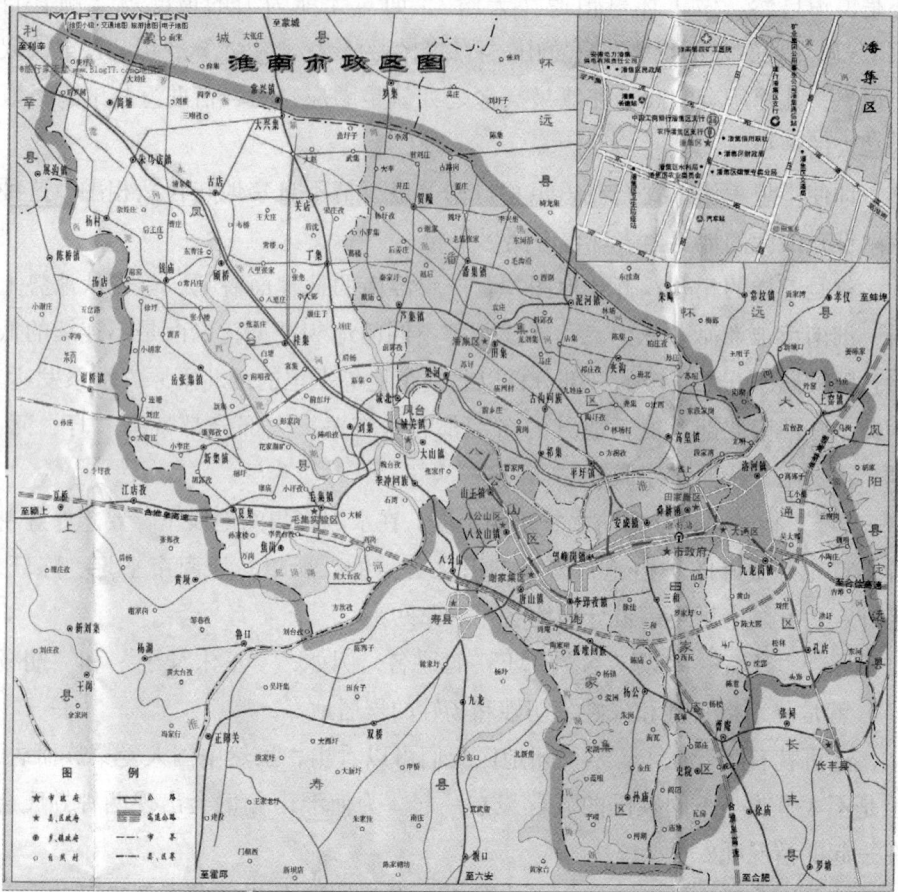

淮南市地图

从这里大家能看出，淮河以北的城镇，基本都是依傍不同的水流河道而形成的。只要循着河流，就能发现城镇。那么，淮南的南面，又是怎样的情形？

有人耐心地算过，如果以淮南潘集区为例，把"姓名+圩"和"姓名+郢"的地名拿出来，从中部两分，从量上看，北部六个乡镇中"圩"共28个，"郢"共12个；南部5个乡镇中"圩"共20个，"郢"共68个。总体上是北部"圩"多，南部"郢"多。

这个数据挺罕见，因为在全国其他地方，"郢"的用法并不多见，为何偏偏安徽的淮南有这么多？

这得归功于移民。郢最初只是楚国建都时的名称，可是到了公元前278年，秦将一举攻破郢都后，楚国人没办法，只好迁都到陈（今河南淮阳），后来又迁都到巨阳（今安徽阜阳境内），最后迁到了寿春（今安徽寿县）。迁来迁去的楚人累得够呛，想起当年的辉煌，忍不住心酸起来，为了表示不忘故国，就把这里改称为"郢"。但是在秦王政二十四年（前223），秦将王翦率60万大军伐楚，攻破寿春（郢），楚国最终还是灭亡了。

亡国后的楚人被迫四处流亡，沿着淮河散居下来。为了永远记住自己的故国，他们居住的村落依然称为"郢"或"郢子"，大有"楚虽三户，亡秦必楚"的意思。

当然，南部地区也不是所有的地名都叫"郢"，谢家集区有一个望峰岗镇，它所处的位置西连八公山，南依舜耕山，两地遥遥相望，正好呼应了名字里的"望峰"。这望峰岗镇有一个鸭背村，因为该处像极了一只水里的鸭子，鸭头朝西，鸭尾向东，而村子便落在鸭背上，大家便为其取名鸭背村。

除了这两个地方外，谢家集区还有个叫孤堆回族乡的地方。作为地名，这五个字可真够长的，听起来还有些奇怪，这里又没有叫"孤堆"的山，也没有叫"孤堆"的河，更没有叫"孤堆"的姓了，为何偏偏叫这个名字？嘿，这又关地形的事了。

孤堆回族乡地处淮河的行蓄洪区，又是丘陵地带，"淮河水涨，孤堆水淹；淮河水退，孤堆干旱"。"孤堆"其实指的是地面上由土或沙堆积成的隆起部分，如此看来，用"孤堆"俩字，真是再恰当不过了。

从地名之外看生活

总体来说，以自然为衡量标准，可以把淮南划分出不同的区域，有的区域之间很近，有的区域之间相隔很远。相对的，它们的语言也会略有差异。以淮南市辖区为例，它的方言能细分为"上洛片"和"田八潘片"两个方言片。

"上洛片"是指在上窑、窑河、洛河等乡镇通行的方言，属于汉语方言中的江淮官话。"田八潘片"是通行于田家庵、八公山、谢家集、潘集等地的方言，属于中原官话。

生活在这些不同区域的人们，是否会存在沟通的困难？答案是否定的。在淮南，人们通过长期的磨合，使得江淮官话和中原官话的区别模糊化，很多方面都相差无几了。

融合性，成了淮南最大的特点。而这样的特点里又有着一些特殊的方言词，随时随地反映着人们的生活。

那么，同属一个地区的人们，有着怎样的生活？

首先，他们有着明显的宗教信仰。例如，田家庵区的曹庵镇、谢家集区的孙庙乡、凤台县的钱庙镇……都含有"庵、庙"这样的宗教字眼，纵观整个淮南，像这样的地名竟有 50 多处，可以想见当时在淮南的宗教活动是多么活跃。

其次，无论是上洛片还是田八潘片，人们对很多食物的称呼都遵循古意。举个简单的例子，淮南人爱吃饺子，但是他们不说"饺子"，而称"扁食"。

做扁食

奇怪，怎么看那白白胖胖的饺子，也和"扁"搭不上边啊，为何淮南人要这么称呼它？这里面就有一个传说了。

相传古代有一个叫潘奇的大臣，他为了讨好皇上，向其献媚："要是能吃上名厨做的百样饭，皇上就可以延年益寿。"昏庸的皇上听了自然高兴，忙把招选名厨一事交由潘奇来办。

这事说起来简单，做起来可麻烦了，要真想做出百样饭，恐怕只有真正的名厨才行。于是，潘奇派人贴出告示，在全国范围内进行厨艺比赛，谁赢了最后的比赛，谁就干这个差事。

经过层层选拔和多轮比试，一个叫苏巧生的厨师夺得第一。当他进宫后，潘奇向其讲明情况，苏巧生一听，伴君如伴虎啊，当场就想辞去这差事。潘奇便板着脸说道："干也得干，不干也得干，由不得你。"

无奈，苏巧生只得拿出看家的本事为皇上做出各式各样的饭菜，一连三十三天，做了九十九种花样，皇上都十分满意。很快到了春节前夕，苏巧生只要再做一顿饭就可以回家过年了。可是，他高兴之余又犯起了愁，所有的花样已经用完了，明天的饭菜可怎么办？

他愁了一宿，天快亮了还没有想出新花样。情急之中，干脆拿起案板上的羊肉和白菜一起剁碎，将手头上的调料胡乱搁上一点，用和好的白面包了几十个小饺子，然后放到开水锅里煮熟，当作最后一样饭让太监给端了上去。

过了一会儿，太监传苏巧生晋见皇上。苏巧生估摸着这是皇上要来责罚了，吓得连话都说不出来，一下就跪倒在地。谁知，皇上亲手扶起苏巧生："你给朕做了一百种膳，今日这顿最可口，这膳称作什么呢？"

苏巧生愣了一愣，顺口应道："这是民间上等美食——扁食。"

"扁食，甚好！"皇上龙颜大悦："今天让你回家过年，正月初五即刻回宫。以后你就留在宫中做御膳厨师吧。"

苏巧生嘴上应承着，心里却一点也不想留在宫里，回到家就连夜离乡远走，不知去向。皇上几次派兵捉拿均无果而归。

后人为纪念这位厨师，春节期间，就仿照他的做法，全家团聚包扁食吃。

当然，故事仅仅是故事，只能作为大家在品尝扁食时的谈资罢了。在真实的历史中，明朝万历年间《宛署杂记》对"扁食"有明确记载："元旦拜年……作匾食。"而《通雅》卷三十九《饮食》则记曰："所谓笼上牢丸，乃馒头、扁食之类。汤中牢丸乃今元宵汤丸或水饺饵之类。"又曰："饵，后谓之粉角，北人读角如矫，遂作饺饵。"可见，"扁食"其实就是"蒸饺"，而"饺饵"即是"馄饨"。有趣的是，无论是蒸饺还是馄饨，在淮南人口里，都可以称为"扁食"。

扁 食

除了对食物的说法具有融合性外，淮南人在取地名时，也有着差不多的前提和理由。就如田家庵，最初淮河南岸渡口只有一个田姓的人家在那里搭个庵子，做了个简易渡口，后来这里的人越来越多，居住的范围也越来越大，人们便把这田姓和这个庵子连在一起做了地名，即田家庵。而谢家集、潘集镇、芦集镇等以"集"为名的地方，最初也是因某一个姓氏在此集中居住，后来居住的地方扩大，便把这个姓和"集"连在了一起，作为地名。

每一个名字后面都有丰富的故事，若要一一细说，需得翻透历史才行。这是没有办法的事，因为无论什么样的地方，当人类为其定下名字后，它便会承载这里所有人的生活。

标准的一名一地一人生。

题外：从趣味之中读淮南

作为一种文化，淮南方言存在于这片山水之间，地名之中。当地人的一举一动，一言一行，一呼一吸之间，都弥漫着方言的文化气息，它在淮南人心里长成了大树。

也因此，虽然大家都渐渐习惯说普通话，却不减对方言的热爱。2012 年，热心的淮南人把当地的生活和语言编撰成顺口溜，一度在网络之中流行，受到大家的追捧。当大家愉快地读完顺口溜后，对淮南常用方言也就有了大致的了解。在此，附上顺口溜和趣味方言翻译，博君一笑。

一、《如果你没有来过淮南》

如果你没有来过淮南，你不会懂得"813、818"是怎样一种汽车。

如果你没有来过淮南，你不会懂得"蹦蹦蹦"是怎样一种交通工具。

如果你没有来过淮南，你不会懂得"搞慢点"是怎样一种关心。

如果你没有来过淮南，你不会懂得"嘛灿"是怎样一种特别。

如果你没有来过淮南，你不会懂得"一嘟拉"是怎样一种分量。

如果你没有来过淮南，你不会懂得"那老几"是怎样一种人。

如果你没有来过淮南，你不会懂得"老表"是怎样一种亲戚。

如果你没有来过淮南，你不会懂得"排尚"是怎样一种漂亮。

如果你没有来过淮南，你不会懂得"架相"是怎样一种支持。

如果你没有来过淮南，你不会懂得"格厌"是怎样一种讨厌。

如果你没有来过淮南，你不会懂得"我滴孩来"是怎样一种感慨。

如果你没有来过淮南，你不会懂得"锁爪子"是怎样一种钥匙。

如果你没有来过淮南，你不会懂得"那展子"是怎样一段时间。

如果你没有来过淮南，你不会懂得"区巴黑"是怎样一种颜色。

如果你没有来过淮南，你不会懂得"劈脸乎"是怎样一种打人。

如果你没有来过淮南，你不会懂得"那拐子"是怎样一种地方。

如果你没有来过淮南，你不会懂得"鬼显"是怎样一种用力喊。

如果你没有来过淮南，你不会懂得"曳沟"是怎样一种排队。

如果你没有来过淮南，你不会懂得"靠待人"是怎样一种为难。

如果你没有来过淮南，你不会懂得"洋货、欠治"是怎样一种张扬。

如果你没有来过淮南，你不会懂得"朗朗"是怎样一种涮洗。

如果你没有来过淮南，你不会懂得"嚇呼"是怎样一种吓唬。

如果你没有来过淮南，你不会懂得"赖赖猴子"是怎样一种动物。

如果你没有来过淮南，你不会懂得"到尽"是怎样一种极端。

如果你没有来过淮南，你不会懂得"活毁、靠了"是怎样一种绝望。

如果你没有来过淮南，你不会懂得"瘸"是怎样一种奇怪。

如果你没有来过淮南，你不会懂得"扳钱"是怎样一种浪费。

如果你没有来过淮南，你不会懂得"细比扣"是怎样一种吝啬。

如果你没有来过淮南，你不会懂得"一嘴"是怎样一种干脆。

如果你没有来过淮南，你不会懂得"那你光讲来"是怎样一种骄傲。

如果你没有来过淮南，你不会懂得"就滴"是怎样一种赞同。

如果你没有来过淮南，你不会懂得"可照"是怎样一种商量。

如果你没有来过淮南，你不会懂得"耶熊"是怎样一种无奈。

如果你没有来过淮南，你不会懂得"过劲"是怎样一种厉害。

二、趣味翻译

1. 古文："噫吁兮，危乎高哉！"
   普通话："啊，多么高啊！"
   淮南话："我滴孩来，这么高来！"

2. 古文："甚矣，汝之不惠！"
   普通话："你太不聪明了！"
   淮南话："你都笨得伤心！"

3. 英语："Where are you?"
   普通话："你在哪里？"
   淮南话："你搁哪来该？"

4. 英语："Angry Birds."
   普通话："愤怒的小鸟。"
   淮南话："洋货滴麻秋。"

六、鹤翎不天生，变化在啄菢
——六安方言与文白异读

（一）奇妙的它

一日，两个娃娃在热热闹闹地识字，他们对着安徽地图，拣认识的字奶声奶气地念起来："合……肥、安……庆、淮……南……"可当穿蓝衣服的娃娃念完"六安"时，穿绿衣服的娃娃就得意地笑起来："不对不对，你念得不对。"

"哪里不对了？"蓝衣服娃娃认真地看看地图，没错啊，四五六的"六"，安全的"安"，语文课都学过了。

绿衣服娃娃煞有介事地指着"六"字说："这个要念'lù'，不念'liù'。"

蓝衣服娃娃趴在"六安"上仔细看，是"liù"啊："你才不对，数学老师都这么念的，难道从一数到六要念成 yī, èr, sān, sì, wǔ, lù？"

这么一说，绿衣服娃娃也有些懵了，他搔搔头一想，好像真是这么回事，可是为什么爸爸妈妈教他念"lù'ān"呢？

"爸爸妈妈不会错的。"绿衣服娃娃大声说。

"可是，明明是数字六啊……"蓝衣服娃娃眉眼都快皱到一块了。

不怪两个小娃娃纠结，就算是成人有时也会在"六安"这俩字上犯晕。要说安徽省哪个市的名字让人最为纠结，大概就是六安市了吧。六安六安，到底是念作"lù"，还是念作"liù"？

第一次看到这个名字的人都会下意识地念作"liù'ān"，当别人友善提醒后，才改称为"lù'ān"。但是，这么念总觉得和平日接触的"六"不同，有些人还是自顾自地地念"liù'ān"，反正大家能明白说的是哪里。

若是有人纠正，他们还会反问一句："为什么非要叫作'lù'ān'？"更有打破砂锅问到底的人会开玩笑地问："取什么名字不好，为什么非要用'六'命名？"

对呀，为什么呢？

你猜，答案是……

这话说起来就长了。

首先，六安的历史比我们所想象的更加久远，远到时间还停留在新石器时代，这个地方就已经有了和"六"有关的部落。

那时，有一个叫皋陶的人统领着东夷部落。这个人可了不得，传说他是上古"五帝"之首黄帝次子昌意的后裔，怎么也算得上是皇亲国戚了。自古皇家不缺有野心的人，就在他的部落里，蚩尤和徐等人野心勃勃，互相牵制。然而，随着蚩尤被黄帝打败，徐带着东夷部落成为最强盛的方国部落。此时，东夷部落的平衡早已打破，皋陶为了避开徐的强大压力，不得不迁移到淮水以南安定下来，并且定名为"六"。

皋 陶

当时，皋陶作为上古四圣之一还是很受欢迎的。禹选定他作为自己死后的继任者，可皋陶没有等到那一天便病逝了，悲痛之下的禹决定把"六"封给皋陶的子孙，古六国的名称便自此而来，所以千万不要按字面意思理解，以为六国是六个地方，它指的仅仅是现在的六安一带。

到了夏商周时期，这块地儿逐渐有了英（今金寨县以西）、六（今六安市一带）、蓼（今霍邱县）、州来（今凤台、寿县一带）等方国。

到了西汉年间，汉文帝的异母弟弟淮南王刘长谋反，汉文帝便将他流放出去。老子不在了，儿子还在，皇帝琢磨着将淮南一分为三，将刘长的三个儿子分别封王，即淮南王（管辖地域包括现在的寿县和六安）、衡山王（管辖地域包括今天的金寨、金安区、裕安区、霍山、霍邱）和庐江王（管辖地域包括现在的舒城县）。

但是后来淮南王和衡山王又因谋反未成自杀，汉武帝瞅着衡山没人管了，想到这块地方老出乱臣贼子，便想着给它换个好名字，分别取衡山内的六县、安丰等地的首字，改叫"六安"，又把此地给了姨表兄弟刘庆，封其为六安王，意思就是"六地平安，永不反叛"。

大约是这含义太符合历朝君王的心思，到后来竟再没有换过名，"六安"便一直沿用了下来。

那么，为什么要把"六"叫"lù"呢？自然是因为那时候，大家还是很喜欢用入声的。就像大写的"六"是"陆"一样，"lù"是上古的入声读法。若是从字义上解释，就是"四周略高的陆地"，这和当时六安所处的丘陵地貌也很吻合。至于现代人把"六"读作"liù"是因为现在入声的缺失，使得字音里韵母为"u"的入声字的发音都变成了"iu"或者"ou"，就连我们平时说得特顺溜的猪肉、羊肉、兔肉之类的"ròu"，在以前都念作"rù"。相同的，"六"自然也从"lù"变成了"liù"。

总之，无论怎样看，皋陶取名的初衷都和"liù"无关，和数字更是八竿子打不着的关系，所以别"六""6"分不清了，还是跟着古人把"六安"念作"lù' ān"为好。

你说，这里有……

作为一个历史悠久的"古地"，六安自然也有着自己的特征，无论是六安人的文化，还是六安的语言，无时无刻不在彰显着自己独特的个性。

都说艺术来自民间，若要寻找到最具当地特征的语言，自然得从街头巷尾开始找起。那么，六安有多少条街巷？

"九拐十八巷呢。"当地人会认真地回答。

哪九拐，哪十八巷？等驾拐、鱼市拐、茶叶拐、仓房拐、书院拐、潘家拐、上拐头、田家拐、大井拐是为九拐；头道巷、二道巷、三道巷、书版巷、塘子巷、扎笔巷、和平巷、棚场巷、龙须巷、观音寺巷、关帝庙巷、万寿寺巷、城隍庙巷、九拐巷、牛角巷、翠花巷、盐店巷、霍老婆巷是为十八巷。

九拐巷

若是你觉得数量不算多，那就大错特错了。因为在六安城里，除了九拐，还有棚场拐头；十八巷之外，还有油房巷、五福堂巷、天妃巷、西湖庵巷、花井栏巷、铁井栏巷、箭道巷、下巷子等等。走在这些街头巷尾，非要昏了头不可。

既然有这么多地方，为何六安人只说九拐十八巷，是因为数不过来吗？不不，这是因为在当地人的语言里，要表达很多的意思时，只要用"九"和"十八"就足够了。它们往往不代表具体的数字，而是用来形容非常多。

就像除了"九拐十八巷"之外，六安城里还有"九冈十八洼"。由于六安多冈峦，城市里地势高低起伏，只有几个地方的地势比较低平，六安人便称为"九冈十八洼"。可虽然提到"冈"，六安却没有一个地方叫作"冈"的，也不存在十八个洼处，仅仅就一个"北门下洼子"。显然，这里的"九"和"十八"也只是用来虚指罢了。

除了不把数字当数字用，六安人取名字也非常随意。细心的人会发现，前面提到的拐和巷子的名称都算不上雅致，简单粗暴得很，大家一看就能猜到里面是干什么的。

有的因为其商业特征得名，如"鱼市拐"就是卖鱼的地方，"茶叶拐"是卖茶叶的地方，"扎笔巷"里面聚集了很多扎毛笔的作坊；有的因为其地理特征得名，就像"大井拐"有一口大井，"书院拐"过去有一个书院，"九拐巷"的拐弯处特别多，"箭道巷"的巷道像箭一样笔直；也有的是因为人们美好的心愿得名，比如"五福塘巷"中"五福"是指"寿、富、康宁、攸好德、考终命"，"六德巷"则是指代古人认为的"知、仁、圣、义、忠、和"六种德行。

无论哪一个名字，都是毫不含蓄、一目了然，由此也可看出六安人的随遇而安和爽快热情的性格。这一点在六安的民俗生活里体现得淋漓尽致。

首先在吃这一块，六安人就毫不含糊。若是遇到婚丧嫁娶这样的大事，六安人便嚷起来"十大海摆起来"。

什么是十大海？在六安，那种特别大的碗，大家都称之为"海碗"。"十大海"便是"十大碗"，分别用十个大碗依次盛上十样菜。这菜里也有讲究，前三碗分别是粉丝、扣肉和圆子，后面七碗则是下水干子、虾米汤、烧鸡、瓦块鱼、咸鹅鸭、红烧肉、千张炒青菜。

"十大海"

　　十个海碗满满地摆上一桌，大家吃吃喝喝好不热闹。而在第六道菜上来时，主人家会站起来大声吆喝着，意思就是说"各位亲朋好友花钱了，多谢了"。这是"喊礼"。

　　若是"十大海"吃不尽兴也没关系，六安人还有"喝当头酒""喝月色"的习俗。

　　在六安人看来，每年的农历十一月十五日那天半夜，月亮能直射在身上而不会留下影子，这一天便叫作"当头"。为了能等到那一刻的月亮，老人们会在院子里备上桌子，一边喝着小酒，一边在清朗的夜空下等着半夜的到来，这便是"当头酒"。

　　若是有些爱热闹的人不愿意孤坐在院子里候着月亮，便三五相邀去酒馆："走，喝月色去。"

　　不得不说，平日对名字大大咧咧的六安人在月光下多了一份诗意和醉意。

试想，当他们在月光的沐浴下呼朋唤友，尽情畅饮；当月光洒在那透亮香醇的酒上，谁说不是在喝月色呢？

不知在遥远的过去，又或者不久的将来，是否有同样一批人在同样的月色下，独饮一杯浊酒？

如此想来，六安这个地方，无论是名字还是生活，可真是奇妙。

（二）双生花异色

有人说，在安徽省，要说哪个城市和合肥方言很相近的，大概就是六安了，它俩离得近，说的又都是江淮官话洪巢片方言，语言的感觉和风格着实有些相似。但是也有人嘀咕着，怎么会相似，虽然乍一听很像，可是在细枝末节上，六安话和合肥话还是有不少差别的。

就像世界上没有两片完全相同的叶子一样，即使在相近的地域，即使再相似的语言，也都有着各自的特点。合肥方言我们在前面已经大致介绍了，那么六安方言呢？在这个距离合肥 100 公里左右的地方，有着什么样的语言特色？

世界上没有两片完全相同的叶子

寻来寻去，自然就是文白异读了。要说这文白异读，可算是方言中一种特别的现象。它指的是一些汉字在方言中具有两种读音，分为文读和白读。文读是读书识字时所使用的语音，又叫读书音、文言音；白读就像大家平时说话时所使用的语音，是标准的"俗"话。

概括地说，就是一个字有两种读法。

乍听起来这有点类似多音字，其实它和多音字有着很大的不同。文白异读的形成有着深层次的历史原因，因不同时期、不同方言的影响，一些字在读书和平时说话时发音出现了差别；而多音字则是简单地因为不同意义或不同来源等而有不同的读音，和方言没有关系。

就像"六安"的"六"，就是文白异读，"lù"是初始发音，后来出现"liù"就是白读音。我们想要了解六安的文白异读，首先要搞清楚文白异读到底是如何出现，如何发展的。

欢迎大家走进历史。

一文一白是本色

一座山可能仅仅始于一块石头；一段舞蹈可能最初只是一个跳跃；一段音乐可能开始于某个音符……万物都是由简入繁，最初，谁也想不到它最后的模样，汉语言亦如此。它最大的功绩便是传承了千年的华夏文明，把这块土地上的人们紧紧联系在一起。在人类不停地前进时，它也一步一步地发展着。而就在这样的发展中，逐渐出现了文白异读。

首先，这归功于语言融合的强大力量。中国古代征战连连，民族之间的斗争不断。但是打仗归打仗，生活还是要继续。你来我往之后，不同民族在长期密切接触中就开始出现语言的交叉影响，也就是"语言融合"。

这样的融合并不是靠武力完成，一种语言代替其他语言，保留自身的语法构造和基本词汇，并且按自身发展的内在规律继续发展，成为趋向于融合的各民族人民的共同交际工具，而其他语言则由于无人使用而逐渐消亡。但是消亡并不代表完全消失，它们会在人们日常用语里留下一些痕迹，如发音方式、某些地名或特有地貌名称等，证明自己曾经存在过。而且这种融合是不间断且反复进行的，时间久了，便出现了方言音类的多层次叠加，主要表现形式就是文白异读。

其次，这源于汉字的超时空超地域性。我们知道，中国地大物博，受到不同的地理环境、风俗习惯等影响，汉语中出现了众多的方言。为此，官方为了方便管理，统一使用通用语，有点类似现在的普通话，或者说，读书音多为"通用语"。就这样，几乎每个地方都有方言和通用语的存在。

地域有边界，可是语言并没有边界。方言和通用语相互穿插交流，逐渐渗透到彼此的语言方式里，1+1=2，最后自然就出现了两种读法。如"熟"字，文读为"shú"而白读为"shóu"；"给"字，文读为"jǐ"而白读为"gěi"。

那么，到底哪一种读法最为精准？这个就不好说了。按照语言的发展规律，虽然文读感觉更官方，但是生活中大家用得更多的还是白读音。那该是以读书音为准，还是以大白话为准？这可真是手心手背都是肉，"割掉"哪一个都会让人觉得生活少了一块，那只好挑挑拣拣，在一些无法割舍的字词上保留两读，最后就形成了文白两种不同的读音。

所以，当你听到六安人把"一百"念作"yì béi"时，千万别笑他土气，或者想去纠正，人家只不过是白读的音罢了。

以下是几个常用字的文白异读示例。

文白异读		
汉　字	文　读	白　读
剥	bō，剥削	bāo，剥皮
澄	chéng，澄清	dèng，澄沙
逮	dài，逮捕	dǎi，逮人
貉	hé，一丘之貉	háo，貉子
颈	jǐng，颈椎	gěng，脖颈儿
勒	lè，勒令	lēi，勒紧
蔓	màn，蔓延	wàn，打蔓儿
翘	qiáo，翘首	qiào，翘起
杉	shān，杉树	shā，杉篱
削	xuē，剥削	xiāo，削铅笔

虽说文白异读的历史悠久，但是并不是所有字都会有这样的读法。可是，

一些字，明明只是一个读音，但是在口口相传中，一不小心拐了个弯，就多了个念法，这便不能算文白异读了。那是什么样的"弯"，导致了错误呢？大致归纳一番，导致错误的因素有四个。

一是讹读。

某日，韩国教育部规定：高中生必须学会1800个繁体汉字，否则不让毕业。这个消息传到网上，有人便说了：咱们中国的高中生估计连这一千来个繁体字都不认识了。结果，网民们掀起了一股"认繁体字"的热潮。网友们骄傲地表示："谁说咱们不认识繁体字？虽说写出来有些困难，可是读起来完全没压力，不知道中国人都是自带繁体字简体字转化器吗？说到底，繁体字和简体字其实差别不大，遇到不认识的，直接看半边，再联系上下文，读起来毫无压力。"

别说，这还真是中国人熟知的妙招："秀才不识字，只需读半边。"虽不能100%正确，但是至少有60%的准确率。

因此，大家都广泛地使出这个"技能"，可是有很多形声字的声符并不能准确表达该字的音，若是还按这套思路来念，就会发出错误音，习惯成自然，久而久之，错的也就被当成对的了。就像"别墅"这个词，"墅"无论从哪个角度看，它都念作"shù"，可是有些人却想当然地念作"别野"，直接忽略了"野"下面的"土"字："这个地方有好多别野，可好看了。"听的人简直就是一头雾水。还有塑料的"塑"，明明只有一个音"sù"，可是生活中偏偏很多人都读成"shuò"，"塑料""硕料"不分。

这就是误读的结果。

二是"叶音说"。

话说当年，唐玄宗常读《尚书》，一天读到"无偏无颇，遵王之义"时，觉得很不痛快，怎么都感觉不押韵，苦思之下，就把"颇"改为"陂"，这样再一读，就押韵很多，他心里也就畅快了。但是他舒坦了，现在的学者可不舒坦，因为

唐玄宗李隆基

这位皇帝犯了"叶音"的错。

"叶音"就是指在没有确凿依据的情况下，强改字音以求押韵和谐。宋代之前，学者没有"古韵"的概念，当他们用自己的发音念先秦韵文时，就发现并不协韵，便改变用字读音，人为地押韵起来，其后果就是一个字多出了许多音，造成汉字读音的极大混乱。

三是古音遗留。

这主要是表现在一些专有名词上。在古代，一些姓氏、官职、地名都有固定称呼，然而到了现代，很多人并不了解，在读相同的词时，就想当然地按照现代的读法。比如曾经火爆一时的《铁嘴铜牙纪晓岚》，里面的皇帝、和珅、丫头遇到事就喊："纪（jì）晓岚！"显得好不热闹！观众呢，也看得笑呵呵的。但是大家却不知道他们都喊错了，在古代这"纪"本应读作"jǐ"。也许是后来人们觉得这样叫名字实在不好听，便自顾自地改念作"jì"了。还有把"禅让（shàn ràng）"读作了"chán ràng"，也是同样的情况。

四是背离规律。

这一点完全是按照语音的发展规律来说的。就比如一个字按照规律应该读这个音，可是后来却完全违背了规律发展成另外一个音，结果这两种音互不相容，都保留了下来。就像"帆"字按规律应该读"fán"，但又出现了"fān"的读法；星期天的"期"本来念作"qí"，结果变成了"qī"。

而当大家都默认这样的读音后，只能"一错再错"了。

一音一字通古今

从历史上我们能看出，文白异读不是简单的多音组合，也不是随意改变的音，而是经过文化沉淀，慢慢形成的语言文化。那么，不知道加入这一特殊调剂品的六安方言，到底是个什么模样？

举个简单的例子。

一个初入六安的人不认识路，就问路人："请问××地在哪？"

路人指着不远处说："在那个三格区。"这个人便到处找标记"三格区"的路牌，可是怎么也找不到，不禁光火："难道是被骗了？"

千万别误会，路人可是很好心地指路，只不过外地人不懂他的话，误解了。路人要说的不是"三格区",而是"三角区"。在六安,"角"的文读音是"jué",而白读则是"gé",类似"格"的发音。像这样的情况还有词语"起来",它的文读是"qǐ lái",白读就是"cǐ lái";"别客气"文读是"bié kè qì",白读就是"bái kè cì"了。

不要觉得六安人说得方言晦涩难懂,因为这里面有不少字音都是大有来头的,多了解一个字,没准就多知道一些典故。

在此捡拾一二,细解一番。

先说一个字"拌"。书面语里它念作"bàn",常常用于烹饪方面:拌面、搅拌。而六安当地人更多地把它读作"pàn",意思也不同,有"舍弃、分开"之意。这个念法自古就有,在中国第一部汉语方言比较词汇集《輶轩使者绝代语释别国方言》中记载:"拌,弃也。楚凡挥弃物谓之拌。"唐代诗人温庭筠作诗《春日偶作》里也有:"夜闻猛雨拌花尽,害恋重衾觉梦多。"即使在宋代,《朱子语类》卷一百一十六中也提及:"如两军厮杀,两边擂起鼓了,只得拌命进前,有死无二,方有个生路,更不容放慢。"

把"拌"当作"舍弃",真是一点点错都没有。

再说一个"抄"字。当地人不怎么读"chāo",常常读作"tāo",用法嘛,自然不是"抄写"了,而指夹取东西。例如,主人劝客人多吃菜,就会说:"多抄些菜吃。"

"抄水"洗脸

那"抄"什么时候可以念成"chāo"？这只有当要取的东西是液体时，才能如此念。例如，夏天回家，第一件事就想洗把脸，清爽一下。这时，六安人便说："抄把水洗洗脸。"意思就是取水。

这个用法也不是现代人自己琢磨出来的。早在古代就这么用了，在《西游记》里，扮成小妖怪的孙悟空在狮驼岭故意吓妖怪魔王时便说："我奉大王命，敲着梆铃，正然走处，猛抬头只看见一个人，蹲在那里磨扛子，还像个开路神，若站将起来，足有十数丈长短。他就着那涧崖石上，抄一把水，磨一磨，口里又念一声，说他那扛子到此还不曾显个神通，他要磨明，就来打大王。我因此知他是孙行者，特来报知。"

《西游记》

这里的孙悟空"抄一把水"，自然念作"chāo"。其实，若是细心比较就会发现"抄"的用法倾向于"舀"。

这便好理解了。当"抄"念"chāo"时，用法就是"舀"；当"抄"念作"tāo"时，用法就是"夹取"。具体怎么用，就要看情景了。

除了这两个字之外，方言里还有很多字值得细究，在此也不一一道来了。不过，仅此已能看出，六安方言算得上"博古通今"了，字里头，话里头，学问大着呢。

猜猜看：六安趣味对话

以下是网上流传的一段六安人在 QQ 里的对话，外乡人读起来十分有趣。不知道有谁能全部看懂？

A：呦，来了啊，个①吃过饭来？

B：还没来，你在哪块②子？

A：网吧来。

B：嗳，对了，我要你帮我做的图你个做好来？

A：还没来，急什个③罕④！我这两天都忙得一塌⑤。

B：你真肉⑥一个，走忙什个来？

A：还不单位的事，须插⑦的要死！我都快烦死掉了！！

B：好好好，不催你了个照⑧罕！嗳，听讲你都跟×××谈了，个真滴⑨？

A：拜⑩扯⑪！你听哪个讲滴？

B：拜搁那装孬了个照罕，你以⑫摸我不晓得啊？我都看到了。

A：真没，真没，你搞什个罕，个意菜⑬！

B：那我那天看你两个在逛商场来？

A：哦，你讲我想此来⑭了，那天我在陪我妈逛，她也在逛，正好看到她了就跟她讲了两话。噢，这就叫谈啊，没看到我妈还在旁宾⑮来？！

B：噢噢噢，你妈都认她了啊，准备个什个时候进你家门？

A：你你你！你再讲我跟你急（zi）⑯！

B：嗳呦歪，就讲你不怎地⑰吧？连京片子都给急出来了？哈哈啊哈哈。

A：你你你！！再讲我不给你做图了，我叫你再搁⑱那干活。

B：好好好，不讲了，照了吧，我要下了，拜忘了给我做图啊，哈哈哈。

A：再晋⑲！

单字注释

① 个：就是"可"，有没有的意思。

② 块：偶尔会发"huāi"音，"哪块子"就是"在哪里"的意思。

③ 什个：六安人喜欢把"什么"说成"什个"。

④ 罕：语气词，无实意，表示强调，读成"hān"。

⑤ 一塌：即一塌糊涂的意思，读成"tè"。

⑥ 肉：就是不利索，办事情很慢的意思。比如，你这个人真肉，都跟你讲一个星期了，怎搞还没好罕？

⑦ 须插：就是琐碎的意思。比如，哎！这两天都忙死掉了，事情不多，但好须插。

⑧ 照：就是行的意思。六安人把"行"都讲成"照"。

⑨ 滴：即"的"，六安人喜欢把"的"说成"滴"。

⑩ 拜：就是不要的意思。

⑪ 扯：六安人读做"chěi"，胡扯的意思。

⑫ 以：在这不念"yǐ"，念作"zǐ"，"以摸"就是"以为"的意思。

⑬ 意莱：就是"恶心"的意思。

⑭ 此来：即"起来"，六安土话把"qǐ"念成"cǐ"。

⑮ 旁宾：即"旁边"，六安土话将"biān"念成"bīn"。

⑯ 急：六安话将"jǐ"念成"zi"。

⑰ 不怎地：即"没什么"的意思。

⑱ 搁：即"在"的意思。

⑲ 再晋：即"再见"，六安土话将"jiàn"念成"jìn"。

扩展延伸

（1）意莱：也有说"易歪"，就是"恶心"的意思，这个词在六安话里褒贬两用，比如，贬义例子："那个人最意莱了，一拜好喜欢占便宜，讨人厌。"褒义场合："A：就讲你这个人真意莱，一块钱还什个罕？B：哎，哎，一毛钱也要还罕，你搞这样客次，下次我就不敢叫你给我带早点了！"

（2）开胃：就是"好玩"的意思。

（3）日霉：在六安是"倒霉"的意思。

（4）木赖：就是"十分"的意思，跟"一拜"大致上算是同义词了。

（5）日摆：是"摆弄"的意思。

143

（6）勺、勺到：就是"厉害"的意思，"装勺"跟"过劲"大致同义。

（7）我的咣当来：是个常用的感叹词，和老外的"Oh，my God！"同义。

（8）三不知：有"万一""有时候"的意思。

（三） 谁地谁说算

在 20 世纪 80 年代，六安的小孩如果淘气了，老人会故意吓唬道："再闹就把你送给老侉。"这句话堪比孙悟空的紧箍咒，立刻让不少淘气的孩子老实了下来。

在孩子的心里，老侉就是凶狠的、粗鲁的，成天算计着抓小孩的人。可是为什么是老侉，不是小侉，不是老王、老李、老刘呢？这在很多孩子心里都成了一个谜。但是想问又不敢问，生怕招来那人，把自己装进麻袋里。一直到孩子们长大了，才知道这吓唬了自己一个童年的名词，其实只不过是南方人对北方人笼统的称呼，就像北方人说南方人是"蛮子"一样。

这就有点麻烦了，这又"蛮"又"侉"的，似乎都不是好词，横看竖看都有点地域歧视的感觉。就像两军对峙，互看不顺眼。

但是沉下心来细看，又觉得里面真是一个误会，误会的源头得归到祖宗那里。

"南蛮北侉"是中国古代就有的说法，千年前，提前发达起来的北方就称南方为"蛮夷之地"，觉得在那里生活的人都未开化，粗鲁得很。后来北方人迫于动乱带着技术、文化统统移居到南方，自然而然带了一股优越感，已发展起来的南方人便觉得：这北方人太"侉"。把"人"与"夸"联合起来，即是"浮夸之人""华而不实之人"。

就这样"蛮"和"侉"沿用到了现在。现代的年轻人提到"蛮"和"侉"，仅仅是作为生活中的笑谈，若是让他们说清为何会出现这样的称谓，他们就都有些知其然不知其所以然了。

这就像是两个地方的祖先因为我占你一分地，你抢我两分地的问题有了矛盾，互相敌视，子子孙孙也跟着敌视，结果到了最后大家都忘记了敌视的原因，只记得他们自古就势不两立。

想明白了这一点，又觉得"蛮"和"侉"带了点赌气的意味。好在如今，这两个字不再针锋相对地用在地域上，更多的指向了南北方的语言差异。

可是，这关六安什么事呢？要说语言差异，东北和海南的方言还算有"侉"和"蛮"的区别，但是六安属于淮河流域，有点地理知识的人都知道，这河南、安徽、江苏沿淮河一线是标准的"南蛮北侉"分界线，六安身在其中应该算作"非蛮非侉"呀，怎么它自个也有了"蛮侉之分"？

其实，不止六安，在淮河流域各处，只要方言上有些许差异，大家都会按照方位，给它分出个"侉"和"蛮"。这和地域无关，更多的是来自于心理：以自己所处的位置为分界点，在北就"侉"，在南就"蛮"。那么，在这块地方，"蛮"和"侉"到底有着怎样的特征和区别？为此，我们从历史、地理、语言等各个角度一一分析。

侉不侉

六安自古就是一个拥有多元文化的城市。

作为一个历史悠久的古城，它包含的区域有着各自的故事。而寿县、霍山县、霍邱县、舒城县、金寨县……这些地方在过去已有了"蛮"和"侉"的区别。

谙熟中国历史的人都知道，楚国的辖地大致为现在的湖北全部，重庆、湖南、河南、安徽、江苏、江西部分地方。一直到公元前241年，楚国被迫东迁到寿春（今安徽寿县），取名为郢。就在那里，高度成熟的楚文化在寿县沉淀，当然也包括楚人从北方带来的语言文化。

霍山县呢，它的历史可以追溯到春秋，那时它同样属于楚国，到了汉代设为潜县，到了隋朝开皇初年则改为霍山县。唐朝以后它一度改名开化县、武昌县、盛唐县，但是到了明代弘治年间，又被改回了霍山县。虽然名字换来换去，但是它的位置始终靠近吴语区，部分词语发音与长三角地区十分接近。

总之，从历史版图来看，六安市北部的霍邱和寿县是楚文化的重要地区，而南部的霍山、金寨、舒城则受南方的庐江、江南文化影响较重。

其次，从地理位置来看，霍邱和寿县都在六安以北的地方，离淮南和阜

先秦时的楚国地图

阳很近。俗话说得好"远亲不如近邻"，霍邱、寿县和淮南、阜阳为求便利，也就"你来我往"地频繁交往起来。而位于六安南部的舒城靠近合肥市的庐江县，霍山县靠近安庆市的岳西县。这几个地方自然也都互通有无，说话都相似起来。

也就是这些原因，最终导致六安的南北语言有了不同的发展，语音差异渐渐出来了。

可是，到底算"蛮"还是"侉"？

答案恐怕只能"似是而非"。先不说淮河流域的人们是怎么看待自己的中立位置的，就说六安方言，可是妥妥的江淮官话洪巢片和中原官话。若是说这两种方言前者是"蛮"后者是"侉"，就不太准确了。毕竟，无论是"蛮"还是"侉"，六安方言里更多的还是自己的特点。

例如霍邱，在六安市人看来，这地方说话就"侉"。它离北方近，说话倾

146

向于北方口音，但是和普通话（以北方方言为基础方言）相比，它们又有着自己的特点：普通话的"阴平"在霍邱话里变为"上声"；普通话里"阳平"在霍邱话里变为"阴平"；普通话里的"上声"在霍邱话里变为"阳平"；"去声"则没有变化。用我们熟知的音调方式表示普通话和霍邱话的关系就是：1=3，2=1，3=2，4=4。

在用法上，霍邱话与普通话也有很多不同之处，例如"斗"，它是多音字，在普通话里可以表示容量，如"一斗"；可以表示星名，如"北斗七星"；也可以表示像斗的东西，如"斗车"；还可以表示对打，如"斗殴"，总之能表达的意思非常丰富。

而在霍邱话里，"斗"不仅囊括了普通话里所有的"斗"的意思，还多了本地的特色含义：

①"斗"＝"吃"，如"你斗过饭，斗酒吗？"就是说"你吃过饭，喝酒吗？"

②"斗"＝"玩"，如"斗象棋""斗麻将""斗扑克"。

③"斗"＝"同意"，霍邱人在问别人某个问题的意见时，不会说"你同不同意？"而是问"你斗不斗？"

霍 邱

至于"南蛮"，六安市区（金安区、裕安区）、舒城、霍山、金寨县（西北部除外）都有一点"蛮"的味道，它们属于江淮官话洪巢片庐州小片（庐州官话），和合肥话属于同一语系分支。其中，以六安市区（即金安区和裕安区）话最有代表性。它的语速要快得多，表达时声调变化大。当然，和普通话相比，六安市区的话也有着自己的特征，比如对"在、唻"等词的运用。

蛮不蛮

"在"在我们的生活中算得上是使用频率非常高的字了。一般情况下，它能表示动作、情状所涉及的处所、时间、范围等，我们有时候会说"我站在大剧院门口""茶杯放在了桌子上面""现在是九点半"等话，其中都会无意识地用上"在"。但是在六安，这"在"字用得稍微有些不同：人们不仅把"在"从句中移到句末，还赋予了它与众不同的功能。

第一种用法："动词+在。"如对话：

A：王林他们哪去了？

B：他和同学打球在。

或者是：

A：昨天9点后你睡觉了吗？

B：没，我跟弟弟聊天在。

这时，"在"仅仅表示一种状态，并不具有实质的意义。

第二种用法："正在/在+动词+在。"如对话：

A：你看到王明了吗？

B：嗯，他正在吃饭在。

或者是A和B打电话：

A：喂，你在哪？

B：嘘……不要吵，我在听老师讲课在。

又或者是：

A：对不起，我忘记下午4点的约定了，当时我正在打球在。

B：难怪……我一直都在等你在。

这里的"在"表示一种动作正在进行。

第三者用法："动词+方位词/处所词+在。"如对话：

A：你看到我的伞了吗？

B：我放到柜子上面在。

或者是：

A：你看到爹爹了吗？

B：他坐门口在。

这里的"在"和普通话里的"在"一致，表示方位。

第四种用法："在+方位词/处所词+动词+在。"如对话：

A：上午我在屋里做作业在，不知道外面下雨。

B：我也不知道，我在床上睡觉在。

虽然这里的一句话里有两个"在"，但是动作进行的状态并未改变，而是更多地强调状态的持续性。

第五种用法："动词+（介词）+方位词/处所词+动词+在。"如对话：

A：我看王明最近很累的样子啊。

B：嗯，他已经躺到床上休息在。

或者是：

A：到我家做客不要客气，随意随意。

B：不客气哦，你看他都坐到沙发上看电视在。

这里的"在"和第一种用法差不多，也是表示一种状态。

从以上几种方式就能看出，六安方言里的"在"只要是在宾语之后出现，一般就不代表具体意义，仅仅是表达一定的语气。

"在"的对话

　　然而，这并不是说表达语气的"在"只能放在一句话的最后，而是要视情况而定。比如 A 对 B 说："他现在要么打电话，要么打游戏，我现在看书，你别烦我了。"按照六安话翻译一遍就是："他现在要么打电话在，要么打游戏在，我现在看书在，你拜来烦我。"

　　当然，一句话里出现这么多"在"，外地人听着估计有点懵。有人好奇了：如果在一句话里面不把"在"作为语气词，会怎样？

　　咱们来试试。

　　示例一：他在睡觉，过会才能来。/他睡觉在，过会才能来。

　　前者只是简单地陈述一件事实，而后者则是在陈述的同时强调"睡觉"的状态，意为时间将会推后。

　　示例二：我在写作业，他要看电视。/我写作业在，他要看电视。

　　前者是说两个状态，语气稍弱，而后者则是告知并强调"我"的状态是"正在写作业"，不想被"他"打扰。

　　可以看出，"在"在整段话里有着加强语气的作用，是一种强调手段。除此以外，它还有"补充"整个句子的功能。

　　例如，我们可以说："我看到他在家门口坐在。"但是去掉"在"，就成了"我看到他在家门口坐"，基本的表达都不通顺了。我们也可以说："妈妈洗衣裳在。"删掉"在"，就变成"妈妈洗衣裳"，意思都变了。

和"在"的复杂不同，六安人对"唻"的使用就简单多了，它的适用范围更广，可以出现在陈述句、感叹句、祈使句和疑问句的末尾。

如果用在陈述句后面，意义和普通话里的"呢"基本是一致的。例如：

（1）她在屋里读书唻。／她在屋里读书呢。

（2）她明个要请假唻。／她明天要请假呢。

如果用在感叹句后面，就相当于"啊""啦"之类的叹词。例如：

（1）我滴乖唻！怎么可能！／我的天啊！怎么可能！

（2）今天晚上的菜太丰富唻！／今天晚上的菜太丰富啦！

如果用在祈使句里，"唻"的用法就和"啊""吧""嘛"等语气词一样。例如：

（1）大馍唻！大馍热滴唻！／卖大馍啊，大馍热的啊！

（2）你也来尝尝味道唻。／你也来尝尝味道吧。

如果用在疑问句里，又有不同的用法。一是用在有"怎搞""哪怀"等疑问词的问句里，如，六安人不知所措的时候，会问一句："怎搞唻？"意思就是："怎么办呢？"

六　安

151

出门在外，发现一起的小伙伴不在身边，六安人便会急着问："他去哪怀咪？"意思就是："他去哪里了？"

二是用在非常简单的问句形式里。六安人在路上遇到熟人，便会热情地打招呼："散步啊，孩子咪？"或者是："到哪去咪？"

熟人打招呼"到哪去咪"

类似用法还有：

（1）怎搞咪？/怎么办呢？

（2）让哪个去咪？/让谁去呢？

（3）你怎搞这样肯定啊，万一不照咪？/你为什么这么肯定啊，万一不行怎么办呢？

乍看起来，这里面"咪"好像不起任何作用，但是一把这些疑问句里的"咪"去掉，整句话瞬间就会显得太过生硬，语气急促而强硬。

可见"咪"的作用重点是在舒缓语气，而这样的功能"在"也同样拥有。因此不难想象，六安市区方言的语气大部分都应该较为缓和，就如南方话一样细腻婉转。

总而言之，虽然对真正的南方和北方来说，处在中间位置的六安，"南蛮北侉"的差距着实太小，但是这不妨碍六安人在自家范围里坚持自我划分。

毕竟，在这座历史悠久的城市里，没有谁比他们更有权利"指手画脚"了：我的地方，自然我说的算咪。

小测试

走过路过千万别错过！想知道自己的六安话好不好，顺不顺吗？以下六安方言"六级小测试"，瞅一瞅，算一算，自己能答对多少题。

一、听力部分

1. 甲：熬——啊——熬，熬——啊——熬
   问：甲在做什么？
   A. 哭泣　B. 哄婴儿入睡　C. 疼得大叫

2. 甲：赞子好盖子啦？
   问：甲的意思是？
   A. 这个盖子真好　B. 买个好盖子　C. 现在几点

3. 甲：我心里头不撑坦！
   乙：怎搞滴？
   问："不撑坦"是什么意思？
   A. 心胸狭窄　B. 心里老是发慌　C. 心里不舒服

4. 甲：小丫头长滴好排丈！
   问：甲的意思是？
   A. 这孩子真孝心　B. 小女孩长得有排丈那样高
   C. 小女孩长得真漂亮

5. 甲：到赞子不会来，搞不好逮情况去了。
   乙：死情况！
   问："逮情况""死情况"的意思是？
   A. 捉问题，解决问题　B. 逮到，放掉　C. 花心，肯定

6. 甲：嘛个跟老小搞个腿！
   乙：照，就和一家伙。
   问：甲的意思是？
   A. 明天搞弟弟的腿　B. 和老老小小去偷腿　C. 明天和弟弟睡

7. 甲：将死完脸，头还没搞来！

乙：你真肉。

问：乙的意思是？

A. 你真磨蹭　B. 你还在蒸肉　C. 你真像块肉

8. 甲：三孩一搞就死饭竖蜻蜓子扯能够！

乙：那孩好赛脸。

问："竖蜻蜓"的意思是？

A. 逮蜻蜓　B. 把蜻蜓竖起来　C. 倒立

9. 甲：败光顾郭蛋，赶紧刀菜！

乙：自己刀！

问：甲的意思是？

A. 别只顾谈心，赶快夹菜吃　B. 别只顾烧锅，赶快切菜

C. 别只顾喝酒，赶紧磨刀

10. 甲：败"chěi"呼个照罕？吵死掉了！

乙：火来些子，我刚得蒙着！

问："chěi"呼的意思是？

A. 说梦话　B. 打鼾、打呼噜　C. 做鬼脸

二、选择题

1. 木大卡（　　）A. 木头　B. 卡车　C. 摩托车

2. 介个（　　）A. 介草　B. 今天　C. 明天

3. 水催子（　　）A. 水壶　B. 水烟袋　C. 水瓶

4. 沤人（　　）A. 骂人　B. 打人　C. 淘气

5. 讲婆家（　　）A. 说老婆坏话　B. 找对象　C. 骂人

6. "你搞神个家伙罕"的意思是（　　）

A. 你干吗骗我？　B. 你在干什么？　C. 你在起哄啊吧！

7. 不出趟（　　）A. 不走了　B. 不出门　C. 上不了台面

8. 老罕（　　）A. 老头子　B. 调皮的孩子　C. 最小的孩子

9. 老马子（　　）A. 老马的儿子　B. 姓马的老人　C. 老婆

10. 逗猴（　　）A. 开玩笑　B. 逗猴子玩　C. 一种猴子

11. 精味（　　）A. 挑剔、过分　B. 味精　C. 精致

12. 渣把头（　　）A. 小土块　B. 一种发型　C. 下巴

13. 吼一小刻（　　）A. 叫唤一会　B. 等一会　C. 等15分钟

14. 俏巴（　　）A. 俏嘴巴　B. 悄悄巴结　C. 漂亮

15. 撑杆子（　　）A. 雨伞　B. 长木杆　C. 撑个杆子

16. 打郎（　　）A. 打新郎官　B. 清洗、清扫　C. 去打狼

17. 马虎熊（　　）A. 马、老虎和熊　B. 训斥马和熊　C. 差不离

18. 勺头巴兹（　　）A. 勺子木头把子　B. 勺子头型嘴会说

　　　　　　　　　　C. 莽撞过火

19. 不顶龙（　　）A. 不属龙　B. 头不能顶个龙

　　　　　　　C. 二百五，不知世故轻重

20. 活涝（　　）A. 活跃　B. 活得不耐烦　C. 厉害

三、简答题

1. 请根据所给的六安口语单词填出所对应的普通话单词

A. 日白扯（　　）　B. 头上来（　　）　C. 日弄（　　）

D. 巴巴意（　　）　E. 拜客次（　　）　F. 油混（　　）

G. 爹摆（　　）　　H. 跌相（　　）　　I. 丁个个（　　）

2. 请把下面表示时间的六安口语单词填在相应的括号内

A. 号个　B. 腰会　C. 掐个　D. 嘛个　E. 街个　F. 搓个

a. 昨天（　　）　b. 今天（　　）　c. 明天（　　）

d. 前天（　　）　e. 后天（　　）　f. 一小会（　　）

3. 请把所给六安口语短文用普通话表述出来

（1）向将搞神个，冒不通出来，喝死人了。赞子好盖子了？我两郭蛋，要不照呢，就收家伙！

（2）这孩都羊葬，么来张狂，冲了小丫头还背谱子，说他老头叫李刚，真锅劲！苦惜了，那小丫头长得好单疼啊！

（3）搓个稳上，我搁老干椅家和二孩搞腿滴，大清巴早上就被么混下床。将死完脸，二孩从旁宾拿梭肩叫我穿上，叫我盖慌在吼他腰会，赶在日头出来前，到菜园双子那怀子，去湾小喔菜给小业子吃。我讲也熊吧，我要岗

路喽!

四、参考答案

一、听力部分：1-5 BCCCC 6-10 CACAB

二、选择题：1-5 CBACB 6-10 BCCCA 11-15 AABCA

16-20 BCCCC

三、简单题

1. A. 胡扯 B. 开始 C. 收拾 D. 故意 E. 不客气 F. 不务正业 G. 作怪 H. 丢面子 I. 一点点

2. FEDCAB

3.（1）想干什么，一下子冒出来，吓死人啊，现在几点了？我们聊聊天，要不就走人，撒。

（2）这人不得了，太嚣张了，撞了小姑娘还摆谱，口出狂言说他爸是李刚，真厉害！只是可惜了，小姑娘长得真漂亮啊。

（3）昨天晚上，我在干爹家和老二睡在一起，大早上被叫起来，刚洗完脸，老二从旁边拿来背心让我穿上，叫我别急再等他一小会，要赶在太阳出来前，到菜园地那里，去挖些小鹅菜给小鸭子吃。我说算了吧，我要走喽！

七、吴头楚尾方言岛
——铜陵方言与亲属称谓

（一）岛

在浩瀚的海洋之中，或者是在微波粼粼的江河之间，有那么一小块陆地，静静地卧在水中，上面或者郁郁葱葱，或者飞鸟成群，这就是岛。

岛的范围是狭隘的，再大的岛也跨不过水。也许正因如此，大陆上的人看到岛，便想到了神秘和美丽；岛上的人看大陆，看到的是一个充满无限可能的世界。

各看各的精彩，各有各的渴望。然而，若是从方言的角度来看，岛又有着完全不同的概念。

当方言相同或相近的人迁入另一个方言区，他们带来的方言被本地方言包围，就如大海上的岛屿被海水包围，便慢慢形成了"方言岛"。

"方言岛"是独立的。就像离家远游的孩子，走出自己的家乡，在另一个地方生根发芽，虽然和陌生的地方有了无数年的融合，却仍断不掉家乡的味道，可是若是年老返乡，又发现自己已和家乡格格不入。

河北省的承德市，距离北京有200多千米，却由于历史上皇帝们常常跑来度假，当地人说着一口纯正的北京话，和周围地区的人说话差别挺大。这

157

就是北方比较有名的"方言岛"。

在安徽的铜陵，也有这么一个"方言岛"。当地人说的方言不似周围的江淮话，而是带有吴语特征，但是又不完全是。他们既能和上海人讲"困告（睡觉）"，又能听懂福州人的"逛该（逛街）"，还能和南京人聊聊"干么四（干什么）"。

这其中的原因，历史知道。

早在春秋时期，安徽被分成徐、英、蓼、六、皖、宗、巢、桐、群舒、胡、焦、向等方国，后来又被楚国和吴国兼并。春秋时，铜陵地区属吴，战国时又属楚，地理位置又处于南北文化的交汇点，因此被历史学家称为"吴头楚尾"。

好地方从来不缺人。那时，吴国很多人移居到这里生活。到了隋唐时期，铜陵已逐渐发展成了吴语宣州片。虽然后来断断续续也有其他省份的移民进驻，但是他们对铜陵当地的方言文化却影响甚微，因此这个地方的方言一直保留有吴语的痕迹。

岛

20世纪50年代，铜陵迎来了经济建设的高潮。它丰富的铜资源吸引了来自全国各地的建设者，从这个时候开始，铜陵方言才发生了巨大变化。例如，古全浊声母字全部转化为清音声母字，这就使铜陵话在字的发音上与普通话靠近了很多。而天南海北的外地人不断涌入，也带来了多样的语言。久而久之，这些语言成为新铜陵话的元素之一。时间久了，铜陵话竟然可南可北，可蛮可侉，铜陵人也生成了能跟许多地方的人侃侃而谈的"新技能"。

不过，这种情况仅限于城里，乡下得另当别论了。

令铜陵的外来移民深感悲催的是，他们连铜陵附近的地方都没改变，改变的仅仅是铜陵市区。铜陵乡下淳朴的农民使用的铜陵方言，依然保留着吴语的众多特点。例如，铜陵话依旧是五个声调，词汇也依旧保留了原先的读法，玉米叫"六谷"，衣袋叫"荷包"，手腕足腕叫"手颈、脚颈"。

话说回来，铜陵话虽属不同的语系，但铜陵，地方就那么大，使用不同方言的城乡人民之间沟通基本上没有什么障碍。最重要的是，市区的江淮官话、郊区的吴语都是今天铜陵方言不可或缺的组成部分，在这一点上可不能犯"政治错误"。

铜 陵

那么，铜陵话仅仅就是江淮官话和吴语的结合吗？不，这样的分类只能确保我们在"大是大非"面前不犯大错误，但是仍然有很多小"陷阱"在等着我们呢。在铜陵，江淮官话可以分为铜陵市区话、铜陵县里话；吴语呢，可以分为山里话和圩里话等。就像俄罗斯套娃，铜陵话套着江淮官话和吴语，而江淮官话跟吴语又分别套着其他地方话。

如此看来，这"方言岛"上的关系着实复杂。只是远看终不如近观，这铜陵方言里到底有何特点，不如我们"登岛"一探究竟。

与众不同的"紧"

在普通话里，"紧"是个高频率的词，它的含义丰富，有密切合拢、靠得极近、时间急促没有空隙、形势严重等意思。我们可以任意使用，并在一句话里使用不同意思的"紧"，例如："现在时间很紧，为了让后面人尽快上车，王玲和妹妹挨得紧一点，以便腾出更多的空间。"这句话里，前面一个"紧"表示时间急促，而后面的"紧"则表示空间距离小，它们可以同时使用且互不干扰。

但是，铜陵人并不满足于普通话"紧"的这些使用方式，为了更好地表达自己的感受，他们给"紧"又添置了其他意义。

第一个便是和动词结成盟友："紧+动词。"这样的组合一般是表示某个动作反复发生。例如：

（1）你好好吃饭，腿不要紧抖。（这句话的意思是告诫对方不要不停地抖动腿。）

（2）现在是大家休息的时间，不要在门口紧唱歌。（这句和第一句一样，也是在告诫对方，让对方不要不停地唱歌。）

（3）她特爱美，每次出门都紧照镜子。（这里的"紧"指的是她在反复照镜子。）

（4）我就是忘记背书了，组长就紧讲我。（这里的"紧讲"意思是不停地讲，反复地讲。）

第二呢，则是使用"紧"的重叠式："紧+动词+紧+动词。"这时候，它除了和"紧+动词"同样表示动作重复外，还表示情绪的反感和不耐烦。举例如下：

（1）不要逮到什么就紧看紧看，上课都要迟到了。（这句话的意思是劝对方不要一直看，要留意上课时间。虽然它和"紧看"有同样的意思，但是这种重复使用更能体现对方的不满。）

（2）他知道错了，你别紧讲紧讲。（这句话的意思是让对方不要总是不停地责备，显然表达了说话者的不耐烦，若是去掉一个"紧讲"，效果就大打折扣了。）

（3）隔壁家的音乐紧放紧放，吵死了。（这句是说隔壁家在不停地放音乐，"紧放紧放"在其中起到了加重语气和凸显情绪的作用。）

（4）这个小姑娘看到秋千就冲上去，紧荡紧荡，怎么喊都不下来。（这里面说的是小姑娘不停地荡秋千，别人怎么喊她都不愿意下来。用"紧荡紧荡"凸显了小女孩的"不听话"。）

由此看来，这"紧+动词+紧+动词"颇有点像"紧+动词"的"比较级"。

时间很紧

语气里的变化多端

生活中我们经常接触到语气词，它们是一类专门用在句末修饰说话者语气的词，对传达情感有着特殊的作用。在铜陵话里，就有一些特殊的语气词，它们在这块土地上有一些不同的特点，和普通话里的"自己"截然不同。

首先是"来"。

在我们接触的方言里，"来"大多数时候都是作为动词使用。而铜陵人在此基础上，给它增加了语气词的功能，和"个"一起搭配使用。

例如，A 和 B 在家吃饭，B 想把碗筷收一收，但是不确定 A 吃好了没有，就问："个吃来?"意思就是说："你是否还继续吃?"

这句话里，"来"表示的是"吃"的动作的持续状态。而"个"和"来"放在一起，就是询问这样的状态是否继续保持。

又比如，A 刚从外面回来，B 看到他，问："之前在下雨，现在个下来?"这里"来"仍然表示持续性的语气词，B 询问的是下雨的动作是否还在继续。

其次是"啥"。

如果说"来"不算常见的语气词的话，"啥"可就完全是非常少见的语气词了。生活中人们更多的是把它作为代词使用。铜陵人呢，该把它当代词使用时就把它当代词用，想把它作为语气词使用时就当语气词用，用起来还十分顺口。

例如，A 在外面打牌，到了晚上 10 点都不回来，妻子 C 便打电话给他：

"你个回家啥?"

"你个回家啥？"

不要小看这句话里的"啥"，当 C 用到它的时候，A 就知道妻子已经非常生气了。因为以"啥"做语气词有一个前提，那就是说话者已经非常不耐烦了。

又比如，两个人相约一起看电影，可是一方老是磨磨叽叽不动身，另一方就会忍不住说："个看啥？"这句问话就带着些质疑的味道了。

最后是"呢"。

和前面两个相比，"呢"总算是大家熟悉的叹词了。它所表达的情感也比"来"和"啥"要轻，大多数时候，它都是带着商量的态度，甚至有些犹豫不决的意味。

例如，A 和 B 在外面吃饭，A 想饭后去看电影，B 想去超市买东西。A 听了，又想看电影，又想去超市，犹豫来犹豫去，还是无法选择，就问一句："个去看呢？"

这时，"呢"所表达的语气很舒缓，表示 A 在左右为难。但是，在这种情况下，A 的问话并不是一定要 B 来回答，而是有种自己问自己的意味，不是完全意义上的问句。

当然，除了以上三种，铜陵方言里的句末语气词还有很多，人们在使用时会不由自主地将自己的情绪附加上去，让对话变得形象生动起来。总之，若是有心想了解，不如"登岛"，亲身去体验一番吧。

（二）生活是一种浪漫

这是一个浪漫的标题，就像文学家一般"朦胧"了现实。

这也是一个奇怪的标题，在讲述方言民俗的文章里，真是有种特别的违和感。

这又是一个写实的标题，因为在这方言和民俗的文章里，它只是老老实实地陈述一个事实。

谁说方言不浪漫？谁说民俗不浪漫？谁说我们的生活不浪漫？

1922 年，法国哲学家列维-布留尔曾在《原始思维》一书中写道："在新西兰的毛利人那里，每种东西都有自己的名字：他们的住宅、独木舟、武器以至衣服都各有自己的特殊名称……他们的土地、道路、海岛四周的海滩，马、牛、猪，以致树木、山崖和水源，全都有自己的名称。"

列维-布留尔

毛利人用自己的语言为山水万物打下烙印，所有被标记过的山水万物搭建成了他们的王国。在某种程度上，这就是他们拥有的整个世界。

而从书中抬头，我们就会看到自己的世界。虽然现在很多人都努力把自己的生活营造得"小资"一点，高端一点。然而，只要我们的双脚踏着土地，我们就始终活在民俗生活里，这并不是土气，而是别样的浪漫。

安徽中南部的铜陵，更是将这样的浪漫进行到底。当铜陵方言和民俗生活撞击到一起，空气中便产生了最舒服、最令人愉悦的化学反应。

欢喜一抹红

中国有句俗话："人生四大喜事：久旱逢甘雨，他乡遇故知。洞房花烛夜，金榜题名时。"这里面，最喜闻乐见的就是"洞房花烛"，也就是我们现在说的结婚。无论是古代人还是现代人，无论是过去的拜堂还是如今的婚场，女嫁男婚都是一件极为喜庆的事情。身在铜陵的男男女女自然也不例外，在他们的婚礼上，无论是哪一种形式，都一定是热热闹闹、高高兴兴的。

但是，要想娶走新娘子，新郎可不轻松，因为铜陵的婚礼有着它自己的一套规矩。首先，"拓红（tā hóng）"是必需的。"拓红"在普通话里和"抹红"是一个意思，是把一种红色的易洗颜料，抹到对方的脸上，动作得迅速，在对方还没反应过来的时候就抹上去。接亲的人躲，送亲的人抹，这样一来一往，气氛便热闹起来，可比西方国家在教堂里说"I do"要欢乐得多。

而且，就像铜陵这座城市的悠久历史一样，"拓红"也有着自己的故事。我们叫它传说。

传说在过去，有一户人家的小姐要出嫁了。

那时，天还没有亮，迎亲的队伍就敲敲打打地来到门前。那时候出门可是大事，在没有汽车的时代，到隔岸的镇上去就得花费一天时间，若是隔座山，那更是要提前好几天出发了。

大约是这户小姐家住得有点远，隔座山，隔条河什么的。迎亲队伍一路可谓是风尘仆仆，到小姐家门口时哪里还有迎亲的样儿，个个都是灰头土脸，汗流浃背。小姐家的人看到后，赶快端来了水盆给他们洗脸。

结果，不知道是哪个粗心的家伙，在慌忙之中，把那个盛满了梁红的水盆端给了迎亲队伍。当时天还没有亮，这些人都忙着清理自己，谁都没有看清楚这是一盆有颜色的水。结果不用说，大家都变成了"红脸关公"。

天亮后，大家互相看看，都忍不住笑了起来：每个人都被染红了脸，有的人只有两只耳朵没被染红，看起来可滑稽了。不过笑归笑，正事还是得做，可不能让新娘子等急了。于是，大家赶紧打来水重洗，这时小姐的父亲从屋内走了出来，双手作揖，笑呵呵地对大家说道："今天是个大喜的日子，人人都红光满面，精神焕发，象征着大吉大利，大家今后一定都能走运发财，有何不好？还有两只耳朵没被染红，我看就干脆一起都染红了吧！"

大家互相看看，好像还真有些道理，也就放开了手里的毛巾。这时，机灵的仆人们看到有人已经洗掉了红色，就干脆一哄而上，双手沾满盆内的红水，朝那人抹去，连脖子都一起给染红了。

这件热闹的事情后来在铜陵地区流传开来，无论谁被纳入迎亲队伍，都要做好被"拓红"的准备，弄得满脸"红光"。玩闹的孩子还会跟在后面，不停地要喜糖。有些调皮的孩子刚要完喜糖又会再跑来要，惹得大人们又笑又摇头："这些孩子太害了。"

怎么会说孩子"害"呢，难不成还是"害虫"？当然不是这样意思，在铜陵当地，"hài"的意思就是"调皮"，说孩子太害了，也就是说"孩子太调皮了"。

当然，结婚的大事，光在接亲队伍上下功夫可不算热闹，重要的还是女方这边如何去做，比如新娘子怎样闪亮登场。

这时，就得靠哥哥了。谁让当地有句谚语"妹妹出嫁哥哥背"呢。顾名思义，说的就是新娘子要被哥哥背出家门，过去，铜陵的新娘们都是由亲哥哥背上花轿的，现在就直接背到婚车上面。

若新娘是独生女，那就由堂哥哥来背，没有堂哥哥则由表哥哥代替。而这些哥哥中则以大哥为第一人选，大哥不在由二哥替代，以此类推。

做哥哥的，自然乐意为妹妹效劳。不过，若是遇到新娘子属于杨贵妃那一级别的，哥哥们就得捏把汗了，现在大家都住高楼，把新娘子背下来可得小心"搭步子"。

什么是"搭步子"？是把步子搭起来吗？当然不是，在铜陵话里，"搭步子"就是楼梯台阶的意思。你想，若是把新娘子从楼梯上背下来，可不是要小心台阶吗？别一个跟跄，搞得大家都惊起来。为此，有不少哥哥在妹妹婚前都特意锻炼一番，以便能最稳妥地送妹妹出嫁。

当然，哥哥如此辛苦，做妹妹的自然也要表示表示。她们特意为哥哥准备了红絮被面和红包。

铜陵人称呼被子从来不叫被子，而是叫"絮被"，这红絮被面就是红色被面，至于红包嘛，则象征性地塞上 20 元钱。

等到迎亲队伍来了之后，新娘就要把事先准备好的被面往哥哥肩上一搭，再递上红包，然后由新郎扶着新娘趴在哥哥的背上，由哥哥背着妹妹将其送上迎亲的车。新娘上车后，迎亲的队伍就放鞭炮往新房去了。哥哥呢，便收获了妹妹送上的答谢礼品红絮被面和红包。

如此，热热闹闹的婚礼才算有了好开头。

哥哥背妹妹出嫁

热闹三月三

在铜陵县顺安，每年农历三月初三万分热闹。因为这日是"三月三"庙会！这是顺安人独特的传统节日。到了这一天，再懒的人都不会"冲瞌子（打盹）"，而是精神抖擞地"上 gāi（街）"去"晃荡子（闲逛）"。

那么，为何铜陵其他地方没有这"三月三"集会，唯独顺安有呢？若是追查起来，还是有些历史原因的。

大致说法有二：

一种说法是在唐朝末年，社会动荡不安，生活在顺安一带的百姓年年遭到战火洗劫，可以说十室九空，幸存者极少。

既然皇帝指望不上，他们便把希望寄托在神明身上。大伙集资盖起一座神庙，定期祭祀，请求神灵保护。这祭祀的日子就定在三月初三。

此后每年三月初三，周围的百姓都赶来烧香祭神，祈求世道安宁、风调雨顺，日久便形成了一种乡俗，来的人也一年比一年多。一些商人小贩就趁此机会赶来摆摊设点，做些生意。农民们也带来粮食土产，调剂余缺，互通有无。就这样，庙会便逐渐同商贸活动联系起来。

还有一种说法是在明朝崇祯年间，顺安金带山住着徐乔、徐仲兄弟，虽然生活贫苦，但是他们肯卖力气干活，开垦荒地，种粮植树，又都克勤克俭，生活也就越过越好。

然而，那个时代，就像电视剧情一样，总有一些心怀叵测的富人见不得别人好。就在金带山对面，住着一个叫岳正保的员外，他怎么都看不惯徐氏兄弟，对他们的家业非常眼红，便串通京城的国戚和地方官，诬陷徐氏兄弟私造兵器，有叛乱野心。

这还了得？官府紧急出动三千官兵，在三月三这天包围了金带山，查抄徐家，由于没有搜到造反的证据，官兵便将徐家的农具和粮油物品抛到屋外，抢了一些贵重财物溜走了。徐氏兄弟面对围观的乡亲，怨愤难言，决定离开顺安。

于是他们一面施舍财物，一面当众揭露岳员外勾结官府欺压乡民的罪行，从此以后，每年三月初三，周围的百姓都要到顺安来烧香赶会，同时也带来农副产品相互交易。

三月三庙会

除了这两种主要说法外，民间也还有其他说法。无论哪一种说法属实，三月初三最终都成了顺安地区一年一度的集市贸易日。农民们把收获的农副产品带到市场上，商贩们则向他们出售农具和日常用品，大家熙熙攘攘地聚在一起，到处都能听到叫卖的声音。留心听起来，地道的铜陵话此起彼伏。

例如这个：

——"这个背搭子多少钱？"

——"八十三块钱。"

——"便宜毫子，我没角子了。"

这对话乍一看理解起来有些吃力，其实，"背搭子"意思就是"坎肩"，说一个人穿了坎肩，就说："那人穿了一件背搭子。"而"角子"在这里不念"jiǎo zi"，通常念作"gé zǐ"，指的就是硬币。像"1角""2角""3角"都念作"1gé""2gé""3gé"。

又或者是这个：

——"你去买几根六谷子，我去看看垫单。"

——"那你顺便去扯几块布啊。"

这里面的"六谷子"可不念"liù gǔ zi"，而是"lè guó zi"，指的是玉米；"垫单"好解释，说的就是"床单"，垫在下面的床单，简称"垫单"。

所以啊，想学铜陵话的人，只要在集会上待一天，估计铜陵方言的生活用语也就学得差不多了。比如，下面这个"精细烧姜阁"：

某日，两个铜陵人在一起聊天。

A：你个知道临镇大李在弄烧姜阁？

B：哎？他或孬着人又摸，个照啊？

A：别讲，他搞这个还真不或得，过劲很。

B：那我哈五看到他，跟他讲讲。现在噶西了。

A：我也嘎西了。

这段话在铜陵大街上普通得很，只不过不熟悉铜陵方言的人就有些懵了。要说"或孬着"，还能猜到是"傻得很"的意思；"摸"指的是"磨叽"；"真不或得"音译一下，应该是"真不糊涂"；"过劲"是"厉害"；"哈五"和

"嘎西"是"下午"和"回家"。可是,这"烧姜阁"是啥?做菜的地方?

这个除了铜陵人,外地人是真不理解。因为烧姜阁是铜陵独有的,纵观全国其他地区都没有这么个地方。

在铜陵,生姜可是宝贝,早在几千年前,生姜就在这个地方盛产了。但是生姜的种子是非常脆弱的,要想在来年让它正常地生长发芽,那它过冬时所需求的温度、环境条件就非常苛刻,一般人家是完全没有办法保存的。这时,他们就急需一个地方能很好地保护生姜种子。

有需就有供,铜陵便产生了一个特殊的行业——储存姜种越冬的专业户,他们所提供的地方就叫烧姜阁。

到了放姜种的时候,家家户户都会把自己选好的种子送过来,烧姜阁的主人就像个指挥家一样,不停地说:"这个放到底头,后面放在高头。"意思就是一些放在下面,后面来的放在上面。为此,人们就给这一天取了个好听的名字:上姜阁。

烧姜阁的主人按照先后次序将姜种一层一层地放进烧姜阁上层的储姜室内,姜种沿着室内四周码放,一层姜种一层芭茅草,中间只留一个仅供一人上下的孔洞,这孔洞也有助于底部的热量上升,散发出去。每户农家的姜种都有一个编号,每座烧姜阁里可以储存姜种 1 万公升左右。待姜种一直码放到阁顶后,底层便开始生火保温了。烧火保温是储存姜种越冬的一项最重要、最讲究的工作,不得有半点马虎。温度要控制在 10℃ ~ 15℃,不能太高也不能太低。温度过高了,一是姜种的水分损失太大,二是姜种会在阁中提前发芽;温度太低了,轻则会使姜种生霉长毛,重则会使姜种腐烂变质。

因此,烧姜阁的主人每天都要数次进入阁内测温、观火、加炭,一天都不能中断。这样的状态一直要持续到清明节,那是生姜种子出阁的日子。一大早,姜农们就拉着车子来到这里,烧姜阁的主人便从阁内把标记好的种子一一从"高头(上面)"取出来。人们便将这一天取名为"下姜阁"。

所以,别小看铜陵的一个稀松平常的对话,其某个词汇蕴含的意义却深得很,不经意间,你就会了解一段历史。

从烧姜阁里取出生姜

甜美在摸秋

在铜陵，中秋节并不单单只有吃月饼赏月亮的活动，它还有另外一项活动，那就是"摸秋"。名字听起来很美，实际上却不是那么回事。在铜陵人心里，这"摸"就是"偷"，"摸秋"其实就是"偷秋"。

但是这可不是什么坏事，而是大大的好事。

在中秋节的那天晚上，年轻人相互间约好到某户人家的田里，偷挖花生、芋头子或芋头母等果蔬。然后他们会选定本村某一户新婚人家，把这些东西都放到新婚夫妇的床上，用被子盖起来。这可不是无理取闹，而是寓意"送子"，完完全全是善意的祝福。被偷的人家也不会不高兴，因为大家愿意偷他家，说明他家有福气，以后家里会有更多更大的吉祥事儿。

至于这"摸秋"的来源，铜陵人也有好多说法，归纳起来大致有两种。一是求子说。清代《两般秋雨庵随笔》中有记载："女伴秋夜出游，各于瓜田摘瓜归，为宜男兆，名曰摸秋。"而在铜陵的过去，婚后尚未生育的妇女，会在小姑（或其他女伴）陪同下，到田野瓜架、豆棚下暗中摸索摘取瓜豆。因为瓜类多子，取这一层意思，希望能取来"子"。

二是丰收说。相传，元朝末年，淮河流域出现了一支农民起义军。这支队伍纪律严明，所到之处，秋毫无犯。一天夜里，起义军转移到淮河边，露宿在外。其中有几位军士饥饿难忍，忍不住偷食了田间的瓜果。主帅得知后，要将这几个军士治罪。周边的村民便纷纷向主帅求情，一老者想了个理由，就说当年收成好，"八月摸秋不为偷"。几个军士因此被赦免——那天正好是八月十五，这"摸秋"的习俗便流传了下来。

无论哪一种说法正确，摸秋"摸"出来的都不是果蔬，而是甜美和温馨的祝福。它代表了铜陵人对生活的憧憬和期待。

殊不知，当我们刻意追求星巴克的格调，聆听沉静的古典乐，欣赏精美的雕塑时，我们所厌烦的平淡生活本身就已足够美丽。因为这每时每秒平庸的现在，蕴含着祖祖辈辈用千年时光沉淀下来的精华，一点一滴，都浸透了智慧，沾染了芬芳。

那是一种别样的浪漫。

摸 秋

（三）我该怎么称呼你

"小时候，乡愁是一枚小小的邮票，我在这头，母亲在那头。长大后，乡愁是一张窄窄的船票，我在这头，新娘在那头。后来啊，乡愁是一方矮矮的坟墓，我在外头，母亲在里头。而现在，乡愁是一湾浅浅的海峡，我在这头，大陆在那头。"

乡　愁

这是余光中的《乡愁》，就像诗中所表达的，对在外漂泊的游子来说，家是自己内心最柔软的地方，是绵长的思乡之情的归宿。

虽然现在，在外的游子不再局限于空间距离了，多远都能赶回家乡。但是，游子的乡愁却并未减淡，除了自然而然的思念之外，他们在归乡前还要学会，或者说是重新掌握一项"新技能"——准确说出亲戚关系并明确他们之间的称谓。

不知从何时起，在我们的父辈祖辈那里都不值一提的事，却在现代变成了我们归家的尴尬。

2013年，重庆时报网刊登了一篇采访报道《过年回家满屋亲戚怎么称呼？

别傻傻分不清楚》，讲述常年在外工作的人回老家过年所遇到的称呼尴尬。具体内容如下：

过完年，30岁的邱先生从农村老家回来后，发了个微博：回家过年，反倒把人整郁闷了。送了红包没讨个好，反而落下了不懂礼貌的名声。

30岁了还不懂礼貌？看了回复里大家的"吐槽"就知道了：看着一屋子的亲戚，谁知道怎么喊啊……

5年来头一次回老家过年

邱先生是酉阳人，大学毕业后一直留在主城。春节前，父母打来电话，说家里的舅舅和幺爸他们打算凑在一起过年，"今年你们就回来过年吧"。

以前，因为工作忙，邱先生都是把父母接到主城过年，过完年，父母再回去上坟，"5年来都是这样"。

回家过年这个计划，让邱先生挺兴奋的——家里亲戚很多，一大家子人聚在一起过春节应该很热闹。

父母还特地叮嘱儿子："家里亲戚多，你在家就是小辈子，长辈多，孩子也多，你工作后头一次回家过年，要多包点红包哟。"

一屋子的亲戚

大年二十九的晚上，邱先生带着老婆和两岁的儿子回到了老家，这也是他头一次带孩子回家。

"当时回到家，一看院坝里摆的桌子，不得了，一共有6张！"邱先生说，自己虽然老家在这里，但实际上初中开始就住读，大学离开老家，所以对老家的概念比较模糊，亲戚也只是父母走动走动。也有亲戚来主城，借宿一晚，还没有搞清楚辈分，人家已经走了。

孩子和妻子回到老家，十分新鲜，到处走走逛逛，问东问西。晚上，大家聚在一起吃了第一顿饭，亲戚们都一家家来敬酒，自己又一家家回敬。

吃完饭，堂屋里摆上一张桌子，辈分大的一起喝茶、聊天，妇女们则聚在灶头边准备第二天的年夜饭。孩子们则在屋子里、坝子上疯来疯去，跑到水田边玩炮仗。

"我很感慨，这才是过年啊。"可是，邱先生的"感慨"还没有持续多久，让他尴尬的时刻就到了。

晚上10点，母亲带着他去堂屋给亲戚拜年，"我刚刚走进去，妈妈就说，这些都是你的长辈，我一看就晕了，十来个人。母亲很快速地说了一遍，我记不住啊。母亲也似乎看出来了，就带着我一个个去认，去拜年"。

拜完年，邱先生还是两眼一抹黑，"真的没有记住，就知道有的叫舅舅，有的叫娘娘，有的叫幺爸，哪个是哪个，根本对不上号"。

长辈们不满意了

第二天一大早，大家又聚在一起，相互拜年给红包。

"我带着老婆孩子，跟在妈妈和爸爸后面，见了亲戚，就是叫不出来，应该是舅舅，但又是几舅舅？三舅？还是幺舅？究竟是哪个嘛？我只有笑呵呵地点头……"邱先生说。

正傻笑着，父母拍了邱先生一掌："这是幺舅啊！快拜年。"邱先生急忙点头给了红包，幺舅又笑眯眯给邱先生的儿子一个红包。一路走下去，邱先生说，自己不清楚这些亲戚称呼，急得他背上冷汗直冒，妻子和儿子也紧张兮兮地跟在一边。

刚拜了一圈，他又忘记谁是谁了。

亲戚们见他迟迟疑疑的，有意见了，特别是老一点的长辈，后来看他犯迷糊，直接回一句："我是你二爸，不要又喊错了。"

原本开开心心的年，因为辈分分不清楚，让邱先生过得那叫一个郁闷。

"我妈妈4个兄妹，我爸爸那边5个兄妹，兄妹下面还有儿子、外孙、孙子，有的小孙子又结婚了，要是能全部记下来，绝对是超人。"邱先生说，"过年过得我脑壳都如糨糊，被这些称呼给搅和的。"

网友吐槽，还出了道"脑筋急转弯"

甲是乙的亲舅的外甥媳妇的弟弟，那甲是乙的什么人？

邱先生的苦恼不是一个人的苦恼，回家的"称呼难题"引起了网友们的共鸣。大家都说，现在回去看到老家的亲戚，能喊准长辈的称呼是一件富有挑战性的事。

高小姐住南坪万达广场,刚刚从老家回主城:同辈还能用哥哥姐姐蒙混过关,但长辈的称呼还得靠父母提醒才能叫出来。

鄢女士:在老家,称呼代表着辈分,喊错了就是不尊重人。但是因为老家的亲戚多,而且亲戚之间的交集也多,我确实分不清楚,甚至有的问了长辈也不清楚。

当公务员的80后邱小姐遇到的称呼难题,更像一道"脑筋急转弯":甲是乙的亲舅的外甥媳妇的弟弟,那甲是乙的什么人?(她发出的这个疑问帖,回答也是五花八门。)

湖北的杨先生对此也深有体会,他说:"有些亲戚叫了多少年感觉都是错的,比如,妈妈的妹夫,我一直叫叔叔,如果不是同事说起回老家拜年的事情,我还不知道,原来应该叫姨夫啊,叔叔和姨夫我分不清楚。我爸爸的姑父我称为姑爷爷,而我姑姑的老公,又叫姑爷……简直要疯了。"

初为人母的周女士说:现在和我们平辈的人还能凑凑合合知道一些称呼,有些比我们长一辈的亲戚就不知道怎么称呼了,比如父亲的哥哥叫大爸,而大爸的妻子该叫什么?我都记不得了。哎,到了我们下一代,更不知道怎么叫了。

北方人刘先生说:我虽然对家里族系比较清楚,但也有点遗憾,自己的下一代肯定没有这些复杂而有趣的长辈称呼,也许姑爷、姑爷爷、姑姑、姨妈都将与孩子无关……

就像报道所说的,邱先生并不是唯一一个不懂亲戚称呼的人,放眼祖国各地,有相当一部分人已经不知道如何准确辨别出亲戚之间的称谓了。每每遇到眼生的亲戚,只好尴尬地来一句:"哈哈,太久没回家,有些不记得了。"一次两次还行,次数多了,别说对方,自己都觉得敷衍。

这在安徽已成为普遍现象。甚至在注重亲属称谓的铜陵,也出现了这样的情况,只不过这里的游子更显尴尬,因为称呼错了,纵使你热情百倍,在老一辈人眼里都要打些折扣。

谁让铜陵人觉得亲属之间的称谓有着不一样的意义呢。

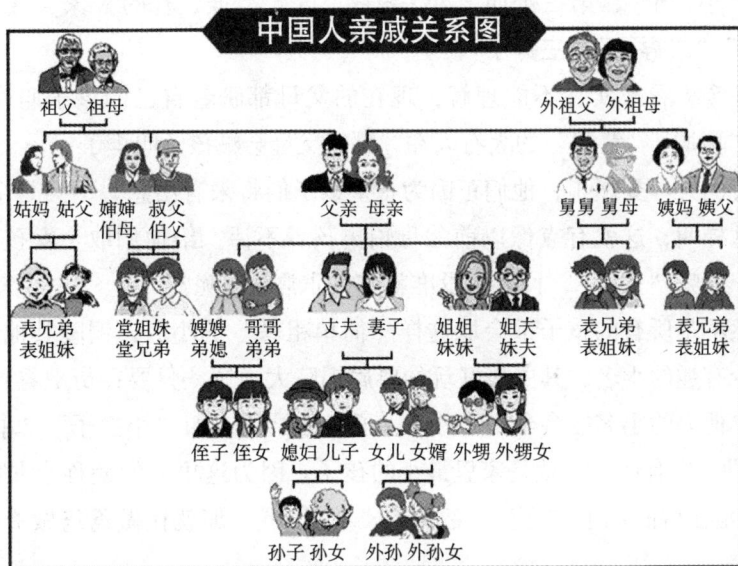

亲戚关系图

简单不简单

现在的婴儿还没出生，父母就会喜滋滋地想好孩子的乳名，男孩叫什么，女孩又叫什么。为了取个好名字，父母可谓煞费苦心，光在百度里搜"乳名"两字，就会有将近100万条相关结果，都是"好听乳名推荐""史上最全宝宝乳名""宝宝乳名大全"之类的信息。可以想见，对于父母来说，取一个称心如意的乳名是一件多么慎重的事情。

铜陵的父母也爱给孩子起乳名，当地人习惯称为"小名字"。但是和其他地方不同，过去的铜陵，并不像现在这样重视取名。那时候，取个小名字并不困难，在接生婆流行的年代，很多孩子的乳名都是接生婆给取的，接生婆也不会到处翻字典求典故，给孩子取又萌又很有含义的名字。她们往往按照季节或者根据周围景物来"即兴发挥"，例如，出生的是女孩，八月出生的叫桂花，九月出生的叫菊花，在湖边出生的叫荷花，冬天出生的叫梅花……男孩自然不能取名"花"了，那就按照顺序来：第一个孩子是老大，第二个孩子就是"小二子"，第三个叫"小三子"，以此类推。有的人家直接喊孩子"大孬子""二孬子""三孬子"……

这在今天看来实在不能理解，现在的父母都盼着自己的孩子聪明伶俐，乳名叫"聪聪""慧慧"的大有人在，哪家父母会喊孩子叫孬子？

铜陵的父母委屈了，他们正因为希望孩子们将来有出息，不会是个孬子，才故意这样叫，这就有点像以前父母怕男孩养不活，给他们取个女孩名字一样。从小就喊"孬子"，长大了没准就变得非常聪明呢？

当然不是所有的孩子都会取这样"简单粗暴"的小名，铜陵其他地区还是有不少有趣的小名，其中最好玩的要属铜陵大通镇，只要在街上看到孩子，不用猜，他们的小名字多半是"小+n+子"的结构，如"小平子""小慧子""小康子"。也有例外，就是家里最小的孩子。因为这里人们爱称小儿叫"小老"，若是在后面加上"子"，变成了"小老子"，那就让做爸爸做爷爷的不好喊了。

相比之下，铜陵县山圩区的孩子小名字就好听多了。那里的小孩，无论男女，名字后面都会加个"妮"：父母称呼小男孩"小伙妮"或"小伢妮"，称小姑娘为"小妹妮"。而具体取什么名，就要看当时的生产大事都有啥。

比如，1954年是发洪水的荒灾之年，那一年出生的很多孩子就叫"荒妮"；1958年是中国"大跃进"的开始之年，于是一大批刚出生的孩子的爱称就是"跃进妮"；1995年是铜陵长江大桥通车之年，父母们也赶时髦，给自己孩子取名为"大桥妮"。

小孩乳名"宝子"

当然，也不是铜陵所有地方的小名都这么"不显爱"。就说胥坝、老洲等地方的孩子，他们的小名字都可爱得很。因为所有的小名后面都会加个"宝子"，如"康宝子""大根宝子""锁宝子""扣宝子"，最小的孩子呢，就叫"老宝子"，意思就是"小儿子"。所以，假如某日你到这里做客，不知道这家人的小儿乳名是什么，可以直接喊"老宝子"，无论对方的小名字是不是这个，他的父母都不会生气。

虽然现在看来，这些名字又俗又土气，但是它掺满了父母对孩子浓浓的爱意，即使放在现在也是丝毫不逊色的。

复杂不复杂

铜陵孩子的名字，大家心里有了数，可是这亲戚称谓，又是怎样的不同？这里咱们说道说道。

首先，是对祖辈称呼的不同。在普通话里我们称呼父亲的父母叫"祖父""祖母"，而在铜陵方言里则变成"爹爹"和"奶奶"，这也倒能理解，不少地方都如此称呼，然而，最特别之处就是普通话里的"外祖父"和"外祖母"在铜陵话里变成了"家爹爹"和"家奶奶"。恁是多了个"家"字，不知为何意。

其次，是对父辈称呼的不同。在铜陵，孩子们称呼自己的父亲叫"大大"，称呼自己的妈妈叫"姆妈"，读起来有点像"嘛"的感觉。有趣的是，不止父亲的称呼和"大"挂上钩，就是爸爸的兄弟们也带上了"大"。伯伯称为"大大大"，叔叔叫作"小大大"，伯母称为"大姆妈"，叔母就是"小姆妈"；爸爸的姐妹呢，姐姐叫"大姑姥"，妹妹叫"小姑姥"，姑父就是"姑大大"。而母亲这边的姐妹叫"姨妈"，姨父就是"姨大大"。

最后，是夫妻间称呼的不同。和普通话里的"妻子"和"丈夫"不一样，铜陵的夫妻之间称呼多元化。在过去，妻子多称丈夫为"男子汉"或者是"孩子他爹"，而丈夫则称妻子为"烧锅的"。

"男子汉"这样的称呼好解释，那时候男人是家中的顶梁柱，是维持一个家最主要的力量，可不就是"顶天立地的男子汉"嘛。至于"烧锅的"，这多少就带了点贬义了。虽然从字面上能理解，意思是指妻子多在厨房忙碌，主要负责一家人的食物。然而如此直白的称呼，总是显得过于粗暴，这也间接反映了当时女人的地位有多么低下了。

不过，随着时间的推移，在称呼这个问题上铜陵话也出现了一些微妙的变化。例如，新一代人已经摒弃"烧锅的"这样粗俗的称呼，喊自己的妻子为"爱人"，这无疑彰显了夫妻平等的意识。对于父母长辈，现在的年轻人也很少称"大大""姆妈"，而是和普通话一样，称为"爸爸""妈妈"，"家爹爹"和"家奶奶"也都换成了"外公""外婆"。

还有那些"堂、表"兄弟的区分，现在在日常称呼上也没有那么严谨了。虽然关系没有变化，但是大家都不再注重"堂、表"关系的称呼，无论是表哥、表姐，还是堂哥、堂姐，都叫哥和姐，只有在向他人诉说或者是书写时，为了让对方容易理解，才会把"堂""表"这样的字眼加上去。

到这里，大家也就能看出来了，铜陵的亲属关系称呼基本上是从复杂到简单，从多样走向统一。虽然少了些称呼的灵动性，但对年轻人来说，着实方便了不少，这也避免了年轻人对着一大屋子的亲戚茫茫然不知所措的尴尬。也许在将来，像"大大""家爹爹"这样的称呼会随着时间流逝慢慢消失，只留存在老人们的记忆里，这样一想，着实遗憾。

不知在未来，这些亲属称谓到底如何发展，而我们的孩子、孩子的孩子将会如何称呼我们？从现在看未来，真是一个谜啊！

方言的变迁

轻松猜猜

以下是35个铜陵方言字词和普通话释义，看看猜猜，你知道的有多少？

1. 巧（便宜）

2. 摸（形容做事慢）

3. 决（骂人的意思）

4. 欠（形容刚打碎东西的小孩的手）

5. 嘿（形容人小气）

6. 学当（难怪）

7. 更的（今天）

8. 门的（明天）

9. 哈五（下午）

10. 得书（读书）

11. 或得（糊涂）

12. 嘎西（回家）

13. 克蛋（搞笑）

14. 国蛋（聊天）

15. 欠冒（形容很有意思）

16. 得浆（形容人脾气不好）

17. 接刚（形容老人身体好）

18. 泡（吹牛、说大话）

19. 铁恩（很硬）

20. 过劲（形容人聪明）

21. 桌区（形容人编谎话）

22. 绞烧（形容人做了坏事）

23. 虚（夸大事情的严重性）

24. 或孬着（形容人非常傻）

25. 上该（上街）

26. 么国（形容人易冲动）

27. 龙显（形容人搞得不干净）

28. 安里水（泪水）

29. 不顶龙（形容小孩不听话）

30. 国扭子（食指弯曲用以打人的动作）

31. 二刀毛（形容街头小混混）

32. 脸吧子（脸庞）

33. 轻西鬼叫（形容人大声叫嚷）

34. 野毛三秋（形容人凶狠）

35. 三么滋（偶尔，有时）